D1872699

Oetinger
AUSLESE

Jan Procházka, Es lebe die Republik

Deutscher Jugendliteraturpreis

Jugendbuch

Oetinger AUSLESE

Herausgegeben von Sybil Gräfin Schönfeldt

© Verlag Friedrich Oetinger, Hamburg 1987
Alle Rechte für die deutschsprachige Ausgabe vorbehalten
© Jan Procházka 1966
© 1968 Weltrechte Georg Bitter Verlag, Recklinghausen
1975 gekürzte Sonderausgabe für die Reihe »Der blaue Punkt«
Die tschechische Originalausgabe erschien
im Verlag Stání nakladatelství dětské knihy, Prag,
unter dem Titel »Ať žije republika«
Deutsch von Peter Vilimek
Einbandgestaltung: Manfred Limmroth
Titelbild: Klaus Steffens
Gesamtherstellung: Clausen & Bosse, Leck
Printed in Germany 1987

ISBN 3-7891-1584-3

Jan Procházka

Es lebe die Republik

Ich, Julina und das Kriegsende

Deutsch von Peter Vilimek

Verlag Friedrich Oetinger · Hamburg

Der Bauersohn Jan Procházka wurde 1929 in Mähren geboren. Nach dem Besuch der Landwirtschaftsschule leitete er bis 1958 ein »Staatsgut der Jugend«. Diese Erfahrungen verarbeitete er in ersten literarischen Versuchen. Von 1958 an widmete sich Jan Procházka ganz der literarischen Tätigkeit und schrieb für nahmhafte tschechische Zeitschriften. Seine Jugendbücher fanden auch bei uns Anerkennung und kamen sowohl auf die Auswahlliste zum Deutschen Jugendliteraturpreis als auch auf die Ehrenliste zum »Premio Europeo della Cittá di Caorle«. Jan Procházka erhielt den Deutschen Jugendliteraturpreis für »Es lebe die Republik« und den »Silbernen Griffel« (Niederländischer Jugendbuchpreis) für »Lenka«.

Aus der Begründung der Jury: Der zwölfjährige Bauernjunge Olin erlebt in einem mährischen Dorf die letzten Tage des Zweiten Weltkriegs. Nicht mehr Kind und noch nicht Erwachsener erleidet und erfährt er, was so schwer zu begreifen ist. Im Mittelpunkt aber bleiben die Probleme und Konflikte des Jungen, die sein Verhältnis zur Umwelt, zu Vater und Mutter, zu den Altersgenossen, zur Dorfgemeinschaft und zu den Tieren bestimmen.

Ein vielschichtig angelegter, moderner Entwicklungsroman vor einem zeitgenössischen Hintergrund. Die Erzählstruktur und der dynamische Sprachton stellen Anforderungen an den jungen Leser und verlangen seine ungeteilte Aufmerksamkeit. Das Buch ist besonders geeignet, Zugänge zur Literatur der Erwachsenen zu eröffnen.

Ich glaube nämlich, daß es
die größte und grundlegende
Pflicht der Literatur ist,
die Wahrheit zu sagen

Jan Procházka

Am Himmel kreiste eine Messerschmitt. Schon seit dem frühen Morgen. Sie zeichnete eine enge Spirale, sie flog sehr hoch. Für einen Augenblick schien es, als wenn sie zur Sonne fliegen wollte, aber dann kehrte sie wieder zurück. Als das Flugzeug niederging, tobte der Motor wie eine Kreissäge. Und es klapperte in der Maschine.
Der Vater schaute auch nach oben. Er blinzelte mit den Augen, sein Mund blieb offen. Über Flugzeuge wußte er gar nichts.
»Es fliegt ganz schön hoch«, sagte er. »Vielleicht dreitausend Meter.«
Manchmal wollte ich mich mit meinem Vater unterhalten. Aber er schaute mich stets so an, daß mir die Lust dazu verging.
»Es ist ein zweimotoriges Flugzeug.«
»Geh zu Petrzela und hol eine halbe Büchse Kalk«, sagte er. Das Flugzeug existierte für ihn nicht mehr. Er reichte mir eine Blechbüchse für den Kalk. Und dann schob er unser Fahrrad her. Es war höchstwahrscheinlich das erste Fahrrad der Welt. Die Räder hatten keine Schutzbleche und fast gar keine Kugellager. Es sah aus wie ein Schleifstein. Jetzt schien es, als wenn das Flugzeug trudelte.
»Das interessiert dich«, sagte er, »Dummheiten!« Durch seine große Nase stieß er die Luft aus.
Von jeher schaute er mich abschätzend und verächtlich an. Er machte mir das Tor auf. »Und nicht, daß du zu Vitlich, zu den Hunden fährst!« sagte er.
»Nein«, versprach ich.
Er gab mir zwei Kronen für den Kalk.
»Sag, du möchtest eine halbe Büchse!« Er zog dabei seine

Augenbrauen hoch. Manchmal schaute er mich auch wie einen Blödling an.
Während mein Vater wie ein Hüne aussah, war meine Mutter zart. Ich wundere mich, daß sie ihn geheiratet hat.
»Fahr vorsichtig«, sagte sie. In ihrem Gesicht war immer ein gutmütiges, kaum wahrnehmbares Lächeln. »Fall nicht herunter«, sagte sie leise.
»Ich falle schon nicht herunter, Mutter«, antwortete ich.
Zwischen uns beiden war etwas, was der Vater überhaupt nicht wahrnahm.
Ich wußte, daß die Mutter hinter mir herschaute, als ich von unserem Haus wegfuhr. In solchen Situationen wurmte es mich sehr, daß ich nicht weiter gewachsen, sondern klein geblieben war. Es ärgerte mich für meine Mutter, ich ahnte, daß es ihr weh tat. Absichtlich begann ich, laut zu pfeifen. Bis jetzt fuhr ich immer unter der Mittelstange; über die Stange reichten meine Beine noch nicht.
Unten, am Abhang, sah ich die anderen Jungen. Es war gut, daß ich in diesem Augenblick nicht in die Pedale zu treten brauchte. Ich wollte nicht, daß sie sahen, wie ich unter der Mittelstange hin und her schaukelte. Sie waren alle vier da: Kadera, Cumat, Res und Vasak, die größten Hornochsen Europas. Sie zogen ihre Hunde an Bindfäden hinter sich her. Wer einen Hund an einen Bindfaden bindet, der ist ein Superhornochse.
Hinter ihrem Rücken nahm ich das rechte Bein unter der Mittelstange weg, schwang es lässig darüber. Nur schwer hielt ich das Gleichgewicht; ich hatte zu tun, um nicht zu fallen. Das Fahrrad lief für sein Alter unwahrscheinlich schnell. Ich trat in die Pedale, die ich nur mit gestrecktem Bein erreichen konnte. Wenn ich mein Hinterteil hob, konnte ich sogar auf dem Sattel sitzen.

Die Jungen kickten Steine. Ich pfiff unser Signal, damit sie sehen konnten, wie ich auf dem Sattel saß. Das Rad tanzte wie ein Ballettänzer; es rasselte, die Büchse für den Kalk flog von einer Seite auf die andere.

Als erster drehte sich Cumat um. »Kleiner«, schrie er, »Kleiner, du bist ein Hornochse!«

Er glaubte, daß es mich ärgerte, wenn er mich Kleiner nannte.

»Ahoi«, rief ich ihnen zu. »Hallo!«

»Kleiner, du hast kurze Beine!« schreien sie. »Du kannst die Pedale nicht erreichen!«

»Ich kann sie wie nichts erreichen!« schreie ich zurück.

Das Rad fliegt wie eine Rakete. Ich muß bremsen. Mit dem Hinterteil komme ich auf dem rauhen Sitz bis zum niedrigsten Punkt, bis zur Grenze des Gleichgewichts. Mit den Zehen bringe ich das Pedal in die untere Lage. Ich trete in die Pedale! Mit meiner ganzen Kraft trete ich in die Pedale. Damit sie staunen können. Ich weiß, daß sie hinter mir laufen. Mit meinem Hinterteil rutsche ich von einer Seite auf die andere; ich fühle, daß es gutgeht.

»Fall nicht herunter, Kleiner!« schreit Cumat hinter mir her. Sie werfen Steine nach mir. Ich weiß nicht, warum, aber sie fangen immer zuerst an.

»Cumat, gaff nicht!« fange ich an zu vergelten. »Kadera, du stinkst! Vasak ist ein Schreckgespenst!«

Die Kurve vor dem Denkmal der gefallenen Soldaten gleicht einer Falle. In meiner Stinkwut über die andern habe ich sie völlig vergessen. Ich rase in sie hinein und weiß nicht, wie das enden wird. Wegen der hohen Geschwindigkeit kann es nicht gut ausgehen. Es dauert nur wenige Sekunden. Die Hecke durchschneide ich mit der Brust. Zweige peitschen mir ins Gesicht. An einem dicken Ast habe ich mir wahrscheinlich den Knöchel verstaucht. Ich höre die Engel singen. Im letz-

ten Augenblick mache ich die Augen zu. Als ich sie wieder öffne, steht ein Engel aus Stein über mir, hält einen Zweig in der Hand und beugt sich über die Jahreszahl 1914–1918. Über die Reihe der gefallenen Onkel und Großväter.
Hastig stehe ich auf. Sicher habe ich mir etwas gebrochen. Ich lecke mir die Handknöchel ab. Was macht es schon, wenn ich blute. Ich blute nur wenig. Noch einmal lecke ich das Blut ab und spucke es aus. Ich höre das Bellen der Hunde und die Stimmen der Jungen. Die Blechbüchse für den Kalk ist bei dem Sturz zusammengedrückt worden, aber man kann sie mit den Händen wieder ausdellen. Mein Vorderrad ist fast hin. Ich halte es zwischen den Knien, um es wieder gerade zu biegen.
Wieder rutsche ich auf den Pedalen hin und her. Aber ich mache keine Faxen mehr, fahre lieber doch unter der Mittelstange.
Ich sause an der Schmiede vorbei. Dort steht am Tor zu lesen: *Ich beschlage erst wieder nach dem Krieg*. Ich fahre hinunter zum Bach, lege das Fahrrad hin und wasche mir die Hände, das Gesicht und die Knie. Das Wasser ist sehr dreckig, es brennt in den Schürfwunden wie Essig. Weiter unten ist in dem Bach eine kleine Schleuse, ein Becken, aus dem alle Wasser schöpfen. Eine lange Reihe von Menschen steht dort mit Eimern.
Ich höre ihre Stimmen. Sie sprechen selbstverständlich vom Krieg. Jemand sagt, daß er in der Nacht schon die Kanonen gehört habe.
»Die Russen werden ihre Bomben hier abwerfen!«
»Eher die Deutschen. Bevor sie wegziehen!«
»Die Russen oder die Deutschen, Bombe bleibt Bombe...«
Mit den Handflächen mache ich die Knie naß. Aus dem Ge-

busch läuft Cumats Hund Don zu mir. Den Bindfaden zieht er hinter sich her.
»Don, du bist ihm weggelaufen?« Ich freue mich. Mit der Hand fahre ich ihm über das Fell und mache den Bindfaden ab.
An der schmalsten Stelle des Weges begegne ich Kadera mit den Pferden. Es ist Kaderas Vater. Die beiden ähneln sich wie ein Ei dem anderen. Kaderas sind die größten Großtuer aus dem ganzen Dorf. Manchmal sagt das auch mein Vater. Der alte Kadera fährt immer so, als wenn der ganze Weg nur ihm gehöre. Ich muß bis an den Zaun fahren. So dicht wie ich kann. Weiter geht es nicht; auch so falle ich fast unter die Räder seines Wagens. Kadera ist das egal. Kein bißchen zieht er die Pferde nach links, das fällt ihm nicht ein.
»Guten Tag, Herr Kadera!« Ich grüße alle Erwachsenen. Aber für Kadera bin ich Luft. Er sieht mich nicht. Als er vorbei ist, fahre ich zur Schmiede, um den Weg abzukürzen.
»Don, bleib hier sitzen!« Er gehorcht mir aufs Wort. Ich denke daran, was für einen Streich ich dem alten Kadera spielen kann. Er muß sehr nahe an der Mauer vorbeifahren, hinter der ich warte. Das Jauchefaß hinten auf seinem Wagen hat einen Verschluß aus Gußeisen. Es ist ein ganz einfacher Mechanismus. Es genügt, von einer Seite gegen den flachen Flügel zu treten. Die Jauche ergießt sich dann auf den Weg, spritzt hoch.
Jetzt ist der beste Augenblick; die Pferde, der Bauer, der Wagen ziehen an mir vorbei.
Ich springe auf, stoße den Flügel mit einer Bewegung auf und bin schon wieder hinter der Mauer verschwunden. Jetzt aber schnell weg! Blitzschnell schiebe ich das Fahrrad, laufe durchs Gebüsch.
»Don, komm zu mir«, sage ich leise. »Don!«

»Prrr!« schreit Kadera auf dem Weg. »Prrr! Halt! Wer, zum Teufel...«
Ich lächle ein wenig. Ich besteige das Fahrrad, trete in die Pedale und pfeife.
Nach diesem Abenteuer ruhe ich erst bei Slejhas Mauer aus. Ich sehe die Slejhas auf dem Hof. Vor dem Heranrücken der Front haben sie alle Hände voll zu tun; sie verstecken ein Schwein. Sie pferchen es in einen Bunker aus Holzbündeln. Die ganze Familie hilft dabei.
»Erstickt es nicht in den Holzbündeln?« fragt die Slejha. Sie wiegt auch vier Zentner. Ihre Hände und Beine sind zu fett.
»Bis die Front vorbei ist, wird es schon dort aushalten.«
»Es wird schreien«, sagt die Anni piepsig.
»Ein Schwein schreit nicht in der Dunkelheit«, behauptet Slejha.
Das Schwein ist schon unter den Holzbündeln. Es schreit fürchterlich. Die Slejha sieht mich, wie ich über die Mauer schaue. Sie macht ein finsteres Gesicht, aber ich grüße alle. Anni ist meine Mitschülerin. Ich fahre lieber weiter. Ich habe das Gefühl, daß die Slejha nach etwas sucht, um es nach mir zu werfen.
Petrzelas Haus liegt am Ende des Dorfes. Es ist ein schönes Haus, das schönste Haus im Dorf. Er ist auch Maurermeister. Viele sagen, daß er sich das Haus aus gestohlenem Material gebaut hat. Bei uns mißgönnen sich die Leute alles.
»Paß auf!« sage ich zu Don und nehme die Büchse. Ich muß durch den Garten gehen, durch die Tür, in den Vorraum. Der Vorraum ist Petrzelas Ablageplatz für Material. Dort liegen Verkleidungsfliesen und Portlandzement herum. Ein Sack hat ein Loch; ich stecke meinen Finger hinein. Ich gehe leise durch den Vorraum. Ganz hinten ist die Tür zur Küche. Dort rasselt eine Nähmaschine. Ich weiß, wer dort näht: Berta.

Petrzela hat keine Frau mehr, er hat nur seine Tochter Berta. Als ich in die Küche schaue, sehe ich sie tatsächlich an der Nähmaschine sitzen. Sie schiebt den Stoff mit den Händen weiter, näht eine Fahne. Eine rot-blau-weiße, schöne, helle tschechoslowakische Fahne.

Berta näht, und mir ist, als ob sie dabei weint. Ich weiß nicht, warum sie über der Fahne weint. Sie soll sich über die Fahne freuen.

Erst jetzt sehe ich Petrzela.

»Du kannst davon eine Million nähen«, sagt er zu Berta. »Die Leute kommen trotzdem, um dich durchzuprügeln.«

Berta schweigt, näht, antwortet ihm nicht. Ich weiß nicht, warum sie sie durchprügeln sollten.

Berta hat einen massiven Körper und trägt einen Morgenrock. Kein anderer in unserem Dorf trägt einen Morgenrock.

»Hörst du zu, was ich dir sage?« fragt Petrzela.

»Ja, doch«, sagt Berta. »Ich höre zu. Ich hab doch Ohren.«

»Der Schlag soll dich treffen«, flucht Petrzela.

Erst jetzt hat er mich gesehen. Auch Berta dreht sich um, sie lächelt mir zu.

»Für zwei Kronen Kalk«, sage ich. »Guten Tag.«

»Für wieviel?«

»Für zwei Kronen.«

»Warum gehst du nicht in eine Apotheke?«

Diesen Unsinn beantworte ich nicht, ich schweige.

»Komm«, sagt er.

Wir gehen auf den Hof. Dort liegen viele Ziegelsteine. Er sieht das kreisende Flugzeug oben am Himmel.

»Ist das ein deutsches oder russisches Flugzeug?« fragt er mich. Er weiß, daß ich es weiß.

»Es ist eine Messerschmitt«, sage ich.

Bestimmt hat er davon noch nie etwas gehört.
»Ein Jagdflugzeug«, erkläre ich.
»Wo hast du die zwei Kronen?«
Ich gebe ihm das Geld. Er nimmt es, als hätte ich es aus dem Klo herausgezogen. Auch die Büchse nimmt er in ähnlicher Weise in die Hand. Der Kalk ist in einem großen Bottich. Ich schaue ihm auf die Hände. Es scheint mir, daß er zu wenig Kalk in die Büchse gibt.
»Mein Vater sagte, eine halbe Büchse.«
»Wenn dein Vater es so bis zu seinem Tode weitermacht, dann wird er noch so reich wie Rothschild.«
Petrzela hält in einer Hand die Maurerkelle, in der anderen meine Blechbüchse und nimmt etwas von dem Kalk auf die Spitze der Maurerkelle und gibt davon ein wenig in die Büchse. Er überlegt, ob er noch einmal etwas herausholen soll oder nicht. Er gibt noch ein wenig zu, nimmt dann aber wieder etwas aus der Büchse heraus.
»Mit euch macht man schöne Geschäfte!« sagt er gelangweilt.
Ich bedanke mich und gehe. Die Büchse hänge ich mit dem Drahthenkel an den Fahrradlenker.
Jetzt weiß ich, wohin ich fahre. Von Anfang an wußte ich, daß ich dorthin fahren würde. Ich schaue zurück, um zu prüfen, ob jemand sieht, wohin ich fahre. Aber niemand geht, wohin er nicht gehen muß; keiner geht mehr aus dem Haus. Ich fahre durch die alte Ziegelei, wo schon keine Ziegelsteine mehr gebrannt werden; überall wächst Gebüsch und hohes Gras.
Über dem Bach liegt ein Brückensteg, es ist nur ein Brett, aber ich riskiere es. Wie auf einem Bindfaden fahre ich. Und dann sehe ich schon Vitlichs Haus. Ein Nußbaum wächst davor.

Schon bin ich am Zaun. Don ist immer noch bei mir, er fängt an zu bellen.
»Don, bell nicht!«
Von innen bellt die Isa den Don an. Es ist Vitlichs Hündin. Die Tür ist mit einem Draht festgemacht, aber ich weiß, wie man sie aufmacht. Ich kenne alle Geheimnisse in Vitlichs Haus. Sie wird ganz einfach aus der Angel gehoben und wieder eingesetzt. Ich gehe durch die Tür.
»Zyrill«, rufe ich. »Zyrill!«
Nichts. Weder eine Stimme noch ein Laut ist zu hören. Die beklemmende Stille des leeren Hofes umgibt mich.
Ich gehe unter das Dach, zur Zuckerkiste, in der drei Hündchen liegen. Ich knie nieder. Über den Rand der Kiste schauen sich auch Don und Isa die Hündchen an.
Ich streichle die Kleinen, hätschle sie. Ihretwegen fahre ich oft hierher. Ich nehme ein Hündchen in die Hände und gehe um das Haus herum, sehe mich um.
»Zyrill!« rufe ich erneut. »Zyrill!«
Auch jetzt meldet sich Vitlich nicht. Ich lege das Hündchen wieder in die Kiste zurück, denn ich darf mich nicht lange aufhalten. Ich kehre zum Fahrrad zurück, fahre über den Brückensteg, durch die Ziegelei und bin schon wieder auf der Straße.
Am Straßenrand steht ein Schild: NESOVICE. Ich halte an. Nesovice heißt unser Dorf. Über dem tschechischen Namen steht auch noch der Name in der deutschen Sprache: NESSOWITZ. Ich schaue mich nach allen vier Seiten um. Das Fahrrad lehne ich an einen Baum. Dann greife ich in die Büchse, nehme eine Handvoll Kalkbrei heraus – und keiner sieht mehr das Wort Nessowitz. Die Hand wische ich im Gras ab. Wieder fahre ich sehr schnell. Aber beinahe wäre ich vom Rad gefallen, und vor Schreck setzt mein Herzschlag einen

Augenblick aus: Die Deutschen sind ins Dorf gekommen! Ich sehe sie an der Wasserpumpe. Sie pumpen Wasser, der Kolben pfeift dabei, das Wasser fließt auf die Steine und auf das Abflußgitter. Sie trinken und waschen sich.

Die Soldaten sind über die ganze Straße verstreut. An der Mauer stehen ihre Fahrräder. Es ist eine Fahrradabteilung. Sie sehen wie Sechzehnjährige, aber nicht wie Soldaten aus. Sie können noch nicht gemerkt haben, daß ich die deutsche Inschrift unkenntlich gemacht habe. Sie begießen sich mit Wasser wie die kleinen Jungen, schreien vor Lachen; man könnte glauben, daß sie den Krieg gewonnen haben.

Sie lesen die Inschrift auf der schwarzen Tafel an der Wand des Hauses, wo das Gemeindeamt untergebracht ist. Soviel Deutsch kann ich, um es auch lesen zu können.

Dieses Dorf hat immer seine Pflicht für das Reich erfüllt!

Ich weiß nicht, wer das dort geschrieben hat.

Einer der Soldaten grinst mich an. Er fragt mich, ob ich ein Deutscher bin.

Ich schüttele den Kopf.

»Ein Tscheche?«

Ich nicke.

Er sagt auf Tschechisch: »Ein Tscheche... Wartest du auf die Russen?«

Ich weiß nicht, was ich antworten soll, aber einer der Soldaten sagt ihm, daß es weitergeht. Sie fahren weg, immer zwei nebeneinander. Derjenige, der mich gefragt hat, verspätet sich. Ich lasse ihn nicht aus den Augen. Er nimmt ein Deckchen aus der Brusttasche, legt es auf den Fahrradsitz, dann besteigt er das Fahrrad von der Treppe an der Wasserpumpe aus, so, wie es die Mädchen tun: zuerst das rechte Bein über die Mittelstange auf das rechte Pedal. Er fährt in Schlangenlinien davon. Er scheint sehr müde zu sein.

Erst als die Soldaten weg sind, kommen die Leute aus ihren Häusern heraus. Unter ihnen sind viele meiner Tanten, Neffen, Basen und Paten. Sie lesen die Inschrift.
»Wer hat das geschrieben?« fragen sie.
»Das ist eine Schande!« sagt jemand.
Meine Augen kleben an der Straße. Ich beobachte einen im Staub glitzernden Gegenstand. Er sieht aus wie ein silbernes Rechteck. Er liegt an der Stelle, wo die Soldaten ihre Jacken, Rucksäcke und Waffen liegen hatten. Schon stehe ich neben dem glitzernden Ding, überzeuge mich, daß mich keiner beobachtet, und stelle meinen Fuß darauf. Dann bücke ich mich, als wollte ich die Schnalle meiner Sandale festmachen. Schon habe ich es in der Hand. Es ist ein glatter, merkwürdig kalter Metallgegenstand. Ich mache meine Finger ein wenig auf: Es ist ein hell glänzendes Zigarettenetui.
Erregt schnappe ich nach Luft. Ich schaue nach, ob einer von den Soldaten zurückkommt. Die Straße bleibt leer. Die Tafel an dem Gemeindehaus interessiert mich nicht, genausowenig wie das Geschwätz der Leute. Die reden und reden, lassen aber die Inschrift auf der Tafel stehen.
Ich mache die Hand nicht auf, stecke das Zigarettenetui in die Tasche. Hoffentlich hat mich keiner beobachtet.
»Don, du mußt nach Hause!« Ich jage den Hund auf einmal weg. »Lauf doch nach Hause!« Ich weiß, daß er mir bis zu unserem Haus nachlaufen wird. Und so ist es auch.
Der Vater wartet schon vor dem Tor auf mich. »Wo warst du den Kalk holen? In der Kalkbrennerei?«
Er kommt bis zu mir. Wenn der Vater ganz nahe kommt und aussieht, als habe er Zahnschmerzen, dann Prost Mahlzeit.
»Petrzela war nicht zu Hause«, sage ich. »Ich habe lange auf ihn gewartet, er war nicht da.« Wie oft in meinem Leben muß ich lügen, weil mich die Umstände dazu zwingen!

»Ist das wahr?« sagt er. Er holt aus, und ich bekomme eine Ohrfeige. Mein Vater kann mit seiner Hand Nägel einschlagen, einen Ochsen töten.
»Was meinst du, wo ich dich gesucht habe?« fragt er. »Was meinst du, wo ich war?«
Eine zweite Ohrfeige. Ich begreife, daß er beim Maurermeister war.
»Ich bitte dich, schlag ihn nicht auf der Straße!« Die Mutter kommt aus dem Haus gerannt. Sie greift immer kurz vor meinem Tod durch Erschlagen ein. Der Vater beruhigt sich zögernd. Aber dann schaut er sich die Büchse an. »Das hat er dir für zwei Kronen gegeben?« stöhnt er. »Das bißchen Kalk?« Dann nimmt er einen Pinsel in die Hand, krempelt die Ärmel hoch und malt in Druckbuchstaben über alle braunen Bretter: TYPHUS!
Ich stehe einen Schritt hinter dem Vater, mein Mund ist offen. »Vater, wer hat denn Typhus?« frage ich verwundert.
»Du«, sagt er. »Sobald ich dir die Hose herunterziehe und nach dem Riemen greife. Du bekommst dann sofort den Typhus!«
»Schreibst du das, damit keine Soldaten zu uns kommen?« frage ich. Ich habe doch auch ein Hirn. »Nicht wahr... Du willst nicht, daß zu uns die Deutschen oder die Russen kommen?«
»Sag nicht ständig nicht wahr und scher dich weg!«
Der Kalkbrei rieselt seine Hand bis zum Ellenbogen runter. Niemand in unserem Dorf ist so groß wie mein Vater. Ich möchte gerne wissen, nach wem ich nur so klein geraten bin. Ich gehe ins Haus, klettere die Leiter hoch auf den Boden. Oben angelangt, stoße ich die Leiter von der Tür weg zu der gegenüberliegenden Wand. Damit keiner weiß, wo ich mich befinde. Die Tür mache ich von innen zu. Ich bin allein.

Das Licht sickert spärlich durch eine Spalte zwischen den Dachziegeln herein. Ich prüfe, ob Vater mir auch keinen Bakkenzahn herausgeschlagen hat. Aus der Brusttasche hole ich meinen wertvollen Fund heraus. Vielleicht ist das Zigarettenetui tatsächlich aus Silber. Es ist außerdem mit schwarzen, glänzenden Streifen verziert. Ich wische das Silber an der Hose ab. Mit der Hand fühle ich, wie glatt es ist. Aber ich kann es nicht aufmachen. Ich drücke auf den Knopf, aber es geht nicht. Endlich springt es auf, plötzlich, denn es hat eine starke Feder. Es gleitet mir aus den Händen, fällt auf den Boden, klirrt. Schnell hebe ich es auf. Es ist mit Zigaretten gefüllt. Es sind vielleicht dreißig Stück.

Unter den Zigaretten finde ich die Fotografie einer nackten Frau.

Beinahe klemme ich mir die Finger, als ich das Zigarettenetui zuklappe. Mein Fund kommt mir auf einmal viel wertvoller vor.

»Wo ist denn der Junge?« höre ich den Vater rufen.

»Olda!« ruft Mutter.

Ich beginne, an den Balken bis zum Dachfenster emporzuklettern.

»Olda!« ruft Mutter. »Olda!«

Ich öffne das Dachfenster.

Ich hob den Blechdeckel des Dachfensters mit größter Vorsicht an. Bei einer Flucht ist es am wichtigsten, sich leise zu verhalten. Das Gehör meines Vaters war ungewöhnlich gut. Ich hebe den Deckel, bis er senkrecht zum

Dach steht, und schiebe mich durch die Öffnung hinaus. Mit einer Hand stütze ich mich auf dem Dach ab, während meine Füße auf dem Balken unter dem Dach Halt finden. Erst jetzt lege ich den Deckel wieder auf die Dachluke. Ich tue das sehr langsam, ohne irgendwelche Geräusche. Er hört mich nicht. Nun kann ich mich mit beiden Händen stützen und bin schon durch. Ich taste nach dem Zigarettenetui, um mich zu überzeugen, daß ich es bei der Turnerei nicht verloren habe. Vorsichtig schließe ich das Dachfenster. Ich ziehe meine Sandalen aus und befestige sie mit den Schnallen am Gürtel. Damit habe ich beide Hände frei. Dächer werden am besten auf allen vieren überklettert.

Noch heute weiß ich die Stelle, wo das Dach am niedrigsten war. Zuerst mußte ich mit den Händen den Zementrand erfassen, auf dem Bauch den Verputz runterrutschen, die Beine strecken und mit den Zehenspitzen auf das Gesims treten, das kaum die Größe einer Handfläche hatte. Dann mußte ich mich auf dem Absatz drehen und wieder dicht an der Mauer entlang gehen. Bis zum unteren kleinen Dach. Dort bin ich immer für einen Augenblick stehengeblieben, um zu verschnaufen.

Dann lief ich schnell zum Dorfplatz. Die Sandalen hielt ich in den Händen, lief im samtigen Staub, der nirgendwo und niemals mehr so wie in meiner Kindheit war.

Ich bücke mich nach einem kleinen Stein. Dort, wo die Abdrücke meiner Fersen sind, zeichne ich einen Strich in den Lehm. Die Sandalen ziehe ich erst hinter dem Dorfplatz an. Dort sehe ich auch die Jungen unter der Terrasse. Da stehen Cumat, Kadera und Res. Josef und Vasak sind ebenfalls da. Ich tue, als wenn ich sie nicht sehe. Es wäre möglich, sie zu umgehen, aber sie verstecken sich unter der Terrasse und pfeifen in Richtung von Nikliks Haus.

»Ahoi, Josef«, sage ich aus angemessener Entfernung. Cumat, Kadera, Res und Vasak sehe ich nicht. Diese Hornochsen sehe ich grundsätzlich nicht. Aber Josef sieht mich. Und daß Cumat einen Stein aufheben und ihn nach mir werfen würde, das habe ich erwartet.
Ruhig stoße ich den Stein mit der Sandale weg.
»Mach, daß du nach Hause kommst, Kleiner!« sagt er. »Hast du schon eins auf die Schnauze bekommen?«
»*Du* bekommst höchstens eins«, antworte ich und bleibe stehen.
Sie pfeifen wieder.
Jetzt kommt Nikliks Vater vor die Tür.
»Verdammte Saukerle, macht, daß ihr hier wegkommt, sonst schmeiße ich euch was nach! Ruda hat keine Zeit.«
Der alte Niklik schrie sein ganzes Leben lang. Er schrie die Pferde, die Frau und Ruda an; alles umsonst. Während er uns anschrie, kletterte Ruda aus dem Seitenfenster. Niklik bemerkte diesen Trick in all den Jahren nicht.
»Jawohl, Herr Niklik«, sagten wir immer höflich. »Wir gehen doch schon, Herr Niklik! Auf Wiedersehen!«
Wir gingen betont langsam weg, und die Jungen vorne pfiffen weiter. Auch ich pfiff hinter ihnen her. Sie traten gegen Steine. Auch ich trat gegen Steine.
Ich hielt immer noch Abstand, falls sie sich plötzlich meiner erinnern sollten. Während er weiterging, drehte sich Josef um und riet mir, ich solle lieber in den Wald verschwinden. »Hau ab«, sagte er. Er schrie mich nicht an. Josef schrie niemals wie die anderen Dummköpfe. Mit Josef hätte ich mich gerne unterhalten, mit ihm schon.
»Komm in drei Jahren wieder, Kleiner!« sagt er friedlich.
Bedrich Hanousek kommt schon aus der Tür; auch er gehört zu unserer Gruppe. Aber er geht nur einen Schritt vor das

Haus, denn sofort greift eine Hand nach ihm, die ihn wieder zurückzieht, wobei die Tür gar nicht erst zugemacht wird. Man hört mehrere Backpfeifen, als habe er vier Väter. Wir laufen zum nächsten Haus, ohne ein Wort zu sagen, als legten wir eine Gedenkminute für unseren Kameraden ein. Unsere nächste Station ist das Hegerhaus. Der Sohn des Hegers Buchtela heißt Pepek; wir nennen ihn aber Puma. Er erwartet uns schon mit der Hündin Zuza, einem Rassehund mit Stammbaum. Sie hat mich schon erkannt und bellt mich an. Josef spricht mit Puma. »Hast du's?« Er senkt geheimnisvoll seine Stimme und flüstert fast nur noch. Auf einmal sind alle Jungen um Buchtela herum. Puma zeigt etwas, was er unter der Jacke versteckt hält. »Jawohl«, sagt er. »Ich hab's mit.«

»Josef, laß mich doch mit euch gehen!« sage ich und mache dabei schöne Augen.

»Du kannst nicht mitkommen«, erwidert er schroff.

»Warum denn nicht?« frage ich. »Ich hab doch keine Angst!« Mit den Augen folge ich Buchta, der die Hündin hinter das Haus bringt. Es ist mir klar, wohin er Zuza führt: in die Scheune! Die Hündin winselt. Er macht das Tor zu, aber das Gewinsel der Hündin ist auch so zu hören. Puma versetzt dem Tor einen Fußtritt. »Ruhe!« ruft er. »Halt die Schnauze!« Und plötzlich läuft er direkt auf mich zu. Das habe ich nicht erwartet. Auch die anderen kommen angelaufen, auch Josef. Das überrascht mich am meisten, von ihm habe ich am wenigsten Hinterlist erwartet. Ich drehe mich um und laufe weg. Aber Ruda und Josef kann ich nicht weglaufen, sie rennen schneller als ich. Sie haben ja auch längere Beine. »Laßt mich!« Ich schreie schon, bevor sie bei mir sind. »Ich hab euch doch nichts getan!« Ich versuche, mich an einem Baum hochzuziehen. Aber ich schaffe es nicht. Während ich am unteren Ast des Baumes hänge, kann ich darauf warten, daß das Ferkel Cumat mir die Hose herunterziehen wird. Er zieht mir auch die Turnhose herunter; ich muß loslassen. Ich halte aber mein Hemd fest. Sie werfen mich nieder, sie sind stärker und in der Übermacht. Ich verteidige mich, so wie ich es am besten kann, denn gegen eine Übermacht ist alles erlaubt. Ich beiße Cumat in die Wade. Er brüllt vor Schmerz und tritt mir an den Kopf.

»Auuu!« schreie ich, so laut ich kann. Es schmerzt nicht so sehr, aber ich kreische wie eine Sirene. »Auuuaaaa!«

»Laßt ihn doch!« Josef stößt die Jungen zurück. »Er hat genug«, sagt er. »Hast schon genug, Kleiner, nicht wahr?«

Ich strecke die Zunge heraus. Auch Josef ist ein Dummkopf. Jetzt weiß ich, daß er genauso ein Dummkopf ist wie die anderen. Schließlich, nachdem die Schlägerei zu Ende ist, versetzt mir Kadera noch einen Fußtritt. Jedesmal, wenn schon der Friede wiederhergestellt ist, versetzt Kadera einem noch einen Fußtritt. Beim Fortgehen der Jungen werfe ich ihm einen Stein nach und treffe ihn in den Rücken. Ich springe auf, halte die Hose fest und verlasse schleunigst die Kampfstätte. Ich spucke Staub. Mein Mund ist voll Sand. Ein anderer an meiner Stelle hätte vor Schmerz geschrien, aber ich weine nicht einmal. Es kommt mir gar nicht in den Sinn. Ich bleibe stehen und sinne auf Rache. Bis hierher höre ich Zuzas Gewinsel! Ich gehe zum Hegerhaus zurück. Unterwegs begegne ich keinem Menschen. Ich öffne das Scheunentor ein wenig. Das dachte ich mir – die Hündin ist an einem Haken festgebunden. Sie kann hier nur sitzen, mit der Nase direkt an der Mauer. Ich binde die Hündin los und lasse sie in den Garten laufen.

Es fällt mir ein, wohin die Jungen gegangen sind; ich laufe zwischen den Scheunen durch die Gärten, den Rain entlang

und quer über ein großes Kleefeld hinter ihnen her. Ich laufe bis zum ausgefahrenen Holzweg. Dort sind Pflanzen, Dornbüsche und flache, wie mit Watte bezogene Blätter des Huflattichs zu finden. Ich lege mich hin und warte. Hier unten kann mich keiner sehen. Ich sehe in den Hohlweg hinein.
Das Flugzeug am Himmel zieht weiter seine Kreise.
Ich richte mich auf, damit ich die Jungen sehe, wenn sie aus der Biegung kommen. Sie tragen eine Leiter. Fünf Jungen tragen sie. Es ist die längste Leiter, die sie auftreiben konnten. Wahrscheinlich haben sie sie dem Dachdecker Repousek geklaut. Puma trägt nicht mit; er geht ein paar Schritte voran, mit einem Fernglas in der Hand. Er stelzt leichtfüßig daher. Reichlich blöd sieht er aus. Ich liege natürlich so, daß mich keiner sehen kann. Sie hätten mich sonst von neuem verprügelt.
»Hört ihr?« Josef bleibt stehen. Er reckt seinen Kopf in die Höhe. Ich höre nur das Flugzeug.
»Was ist?« fragt Kadera. »Was hörst du denn?«
»Jetzt wieder«, sagt Josef. »Hört ihr das nicht?«
Er sucht den Himmel ab, und die Jungen ahmen ihn nach. Die Leiter werfen sie auf die Erde. »Ich höre was, Josef!« schreit Cumat. »Ich höre was!« Damit will er vor Josef selbstverständlich nur angeben. Cumat kenne ich wie meine Westentasche. Aber alle sind in diesem Augenblick sonderbar still; es sieht nicht so aus, als wenn es um irgendeinen Ulk ginge. Ich versuche es auch zu hören, aber ich höre überhaupt nichts. Ich darf den Kopf nicht so recken, sonst sehen sie mich. Dann plötzlich höre ich es auch – eine dröhnende Erschütterung, die für einen Augenblick anhält, dann verschwindet und wieder zurückkommt.
»Ich höre es!« schreit Puma. »Ich höre es schon!«
»Das sind Kanonen«, sagt Josef. »Das sind Kanonen von der Front!«

Sie reden noch einen Augenblick darüber, haben aber die Leiter schon wieder aufgehoben und gehen weiter. Ich schleiche wie ein Schatten hinter ihnen her, damit sie nicht merken, daß ich jede ihrer Bewegungen beobachten kann.

»Wie weit kann man Kanonen hören?« schnappe ich von ihrem Gespräch aus einiger Entfernung auf. »Fünfzig Kilometer!« sagt Puma.

Ich lege mich auch hin und versuche, mit dem Ohr auf der Erde zu horchen. Wie Cumat vorher. Ich lausche einige Sekunden, und als ich den Kopf wieder hochhebe, sehe ich, wohin sie gehen. Sie gehen zur Kirche. Von hier aus sind Tauben auf dem Kirchturm zu sehen. Sie fliegen um den Bau herum wie eine weiße, lebendige Wolke. Es scheint mir auch, daß das Flugzeug direkt über dem Kirchturm kreist. Die Jungen sind verschwunden. Jetzt ist der Augenblick gekommen, um aufzustehen.

Ich weiß genau, wie ich um den Friedhof herumlaufen muß. Ich höre die Jungen, und dann sehe ich sie auch wieder. Sie ziehen ihre Schuhe aus und stellen die Leiter an die niedrigste Stelle des Kirchdaches. Ich beobachte sie durch ein Loch in der Friedhofsmauer. Als erster steigt Josef die Leiter hoch. Er geht barfuß über das Dach der Sakristei. Über dieser befindet sich ein rundes Fenster, das man öffnen kann. Die andern steigen hinter Josef die Leiter hoch. Res fällt beinahe von der Leiter herunter.

Res nehmen sie mit, mich aber nicht! Ich bin wütend. Ich kann zehnmal besser klettern als er. Am meisten regt mich die Ungerechtigkeit auf. Cumat stolpert auf dem Dach.

»Er müßte herunterfallen«, wünsche ich ihm halblaut.

Aber die Jungen sind schon durch das runde Fenster geklettert. Ich höre sie, denn sie trampeln wie eine Elefantenherde über den Kirchboden zum Steinturm.

Unten an der Leiter liegen ihre Schuhe. Das Friedhofstor brauche ich nicht zu öffnen, sie haben es sperrangelweit hinter sich offengelassen.
»Nicht den Strick berühren, damit die Glocke nicht in Bewegung kommt!« höre ich Josefs Stimme.
»Solche Dummköpfe«, sage ich halblaut. Ich habe mich hinter einem Grabstein versteckt. Jemand ist ausgerutscht im Turm. »Du Ochse!« höre ich. Nun sind sie schon im Fenster neben der Glocke zu sehen. Ich sehe sie, sie sehen mich aber nicht. Josef hat Buchtas Fernglas in den Händen und blickt irgendwohin in die Landschaft.
»Kannst du bis zur Brücke sehen?« fragt Puma.
»Das Fernglas vergrößert ganz schön«, sagt Josef. »Meine Herren«, er staunt selbst darüber: »Die Panzer kommen! Sie fahren direkt unter mir, ich könnte sie anfassen! Das Fernglas vergrößert einfach toll!«
»Gib her!« Puma will sein Fernglas zurück. Und dann schaut einer nach dem andern hindurch. Und ich sitze hier unten. Ich bin wütend. Ständig höre ich dummes Geschwätz vom Turm.
»Das Flugzeug bewacht die Brücke«, sagt Kadera.
Ich suche in dem Schuhhaufen nach seinen abgelaufenen Halbschuhen. Ich habe sie schnell gefunden. Ich ziehe die Schnürsenkel heraus. »Die Russen könnten die Brücke in die Luft...« höre ich ihn. Was er doch für dummes Zeug daherredet! Ich werfe einen seiner Schuhe irgendwohin zwischen die Gräber, den anderen Schuh werfe ich über das Tor ins Gebüsch. »Es ist möglich, daß sie das Dorf dem Boden gleichmachen werden«, sagt Cumat. Auch er redet Unsinn. »Das möchte ich gern sehen!« sagt er. – Einen seiner Schuhe werfe ich, so weit ich kann.
»Ich lasse mich doch nicht in den Keller einsperren! Wann

bekomme ich wieder einen Krieg zu sehen, ich bitte dich!« Das ist Puma. – Schon fliegen seine Schuhe durch die Luft. Sie machen den größten Bogen.
Ein schmatzender Laut erschreckt mich, etwas klatscht auf die Steine. Von dem Turm aus, aus dem Fenster neben der Glocke, pißt jemand. Wenn das der Pfarrer sähe, der Schlag würde ihn treffen.
Die Sonne steht wie ein großer, gelber Kürbis hinter der Kirche, und der Urinstrahl fällt in einem großen Bogen, schimmernd in allen Farben, herunter.
Ich gehe zurück und berühre die lange Leiter. Ich wollte sie nicht umwerfen, ich habe nur versucht, ob ich es fertigbringe, sie allein, ohne jeglichen Krach, wegzustellen und hinzulegen. Die Leiter berührt oben die Dachrinne; sie hören es aber nicht, weil sie sich um das Fernglas streiten. Ich kann sie nicht festhalten. Sie ist schwerer, als ich dachte. Ich will die Leiter aufhalten, aber sie kippt um und fällt auf den Boden, auf den nächsten Grabstein. Das verursacht einen solchen Krach, daß es auch die Toten hören müssen, die hier in Frieden ruhen. Ich klettere rasch durch das Loch in der Mauer. Die Jungen lehnen sich weit aus dem Turmfenster, fast zu weit. Dann verschwinden ihre Köpfe. Ich höre, wie sie die Treppen herabspringen, wie sie über den Kirchenboden zu dem runden Fenster laufen. Sie schreien wegen der Leiter. Wieso ist sie umgefallen? Einer schreit lauter als der andere. Sie klettern auf das Dach der Sakristei.
»Du hast die Leiter aber sehr dämlich hingestellt«, sagt Kadera zu Josef. Josef unterhält sich nicht mit Kadera. Er kommt bis zum Dachrand und schaut aufmerksam nach unten. »Dabei hat er sie in den Boden gestemmt, ich habe es gesehen!« sagt Cumat zu Josefs Verteidigung. Aber Josef unterhält sich auch mit Cumat nicht. Er schaut aufmerksam

nach unten, wo die Leiter vorhin gestanden hat und wo sie jetzt liegt.
Es ist schön tief.
Ich beobachte, was die Dummköpfe jetzt tun. Ich wollte ihnen die Leiter nicht umkippen, aber jetzt, wo es geschehen ist, stört es mich überhaupt nicht. Josef schaut immer noch spähend nach unten, auf den Friedhof. Er kann mich zwar hinter der Mauer nicht sehen, aber er schaut dorthin, als sähe er mich doch. Josef ist der schlauste aller Jungen.
»Kleiner!« ruft er laut. »Olda!«
Jetzt bin ich froh, daß ich Cumat sehe, der in die Gegend gafft. Er ist überrascht und entsetzt. Kadera beugt sich nach unten.
»Wo sind denn unsere Schuhe?« sagt er. »Der Saukerl muß doch hier sein!«
»Du bist ein Saukerl«, sage ich leise für mich hinter der Mauer.
Cumat sucht mich mit dem Fernglas, sucht mich auf dem Friedhof. Er hat mich gereizt! In der Hosentasche habe ich eine Schleuder, und es gibt hier genug Steinchen, am besten eignet sich dazu ein kleines, flaches Steinchen, das bespuckt werden muß, damit die Schleuder nicht abrutscht, wenn der Gummi gespannt wird. Meine Hand juckt, ich möchte Cumat zwischen die Augen treffen, aber er würde mich dabei sehen.
»Oldrich!« ruft Josef. »Olda!«
Ich antworte hinter der Mauer mit Fratze und langer Nase. Die Schleuder stecke ich wieder in die Hosentasche. Das Steinchen werfe ich aber nicht weg; ich stecke es ebenfalls in die Hosentasche, vielleicht kann ich es noch brauchen.
»Olda, komm her, es passiert dir nichts!« ruft Josef.
»Ich werde ihm die Schnauze zerschlagen«, sagt Cumat.

»Ich auch«, sagt Puma.
»Du brauchst keine Angst zu haben, sie werden dir nichts tun«, sagt wiederum Josef. »Stell die Leiter wieder hin.«
»Er kann sie doch nicht hochheben! Er kann nicht einmal ein Kilogewicht hochheben!« Res sagt das. Dieses Gerede kann mich rasend machen. Wenn ich schon höre, daß ich nicht einmal ein Kilogewicht heben kann, werde ich wütend.
»Wir zählen bis fünf, Kleiner!« droht Kadera auf dem Dach. »Zeig dich, du Saukerl, sonst kannst du was erleben!«
»Eins!« fängt Cumat an zu zählen.
Ich klettere auf die Mauer, so daß sie mich sehen. Es ist mir egal. Ich würde auch mein Leben riskieren. Ich bin wahrscheinlich wie mein Vater jähzornig.
»Zwei, drei, vier, fünf, zehn, fünfzig, hundert, tausend, Million!« schreie ich. Ich habe eine Stinkwut auf sie. »Die Leiter stelle ich nicht hin, Cumat, du brauchst gar nicht so zu gaffen!«
Ich nehme den Stein aus der Hosentasche, ziehe die Schleuder an. Aber der Stein fliegt an ihm vorbei. Sie bewerfen mich mit allem, was sie in die Hände bekommen. Alles prallt an der Mauer ab. Kadera reißt einen Dachziegel aus dem Dach.
»Kadera, ich verpetze dich!« schreie ich und weiche den Splittern aus. »Es wird in die Sakristei regnen!«
Der Ziegel fällt auf den Friedhof, weil Kadera die große, schwere Dachpfanne nicht bis zu mir werfen konnte.
»Jetzt hast du den Ziegel auf deinen Onkel geworfen!« Ich deute auf das Grab. »Und dabei bist du Ministrant!« Ich mache ihnen allen eine lange Nase, springe wieder hinter die Mauer und lehne mich mit dem Rücken an. Sie können nicht bis hierher werfen; ich höre die Steine und Splitter, wie sie zwischen die Sträucher plumpsen, wobei manche auf die Mauer prallen und dann ins Gras fallen.

Dann hören sie damit auf. »Er ist nicht mehr da«, sagt einer.
»Er ist noch da.«
»Er ist durch die Sträucher weggelaufen.«
»Olda!«
»Du bekommst einen Fußball!« lockt Puma.
Aber ich höre auch das, was sie sich leise sagen: »Du willst ihm einen Fußball geben?«
»Nein.« Und laut: »Willst du einen Fußball? Ja oder nein?«
Puma denkt, daß ich auf den Kopf gefallen bin.
»Wir können durch die Kirche gehen!« schlägt einer vor.
»Die Fenster sind doch vergittert!«
»Dann müssen wir die Tür aufbrechen!«
»Die Tür können wir nicht aufbrechen.«
»Hierher kommt wahrscheinlich keiner mehr«, höre ich Kadera sagen. »Erst nach dem Krieg.«
Ich schaue nach oben, ob das Flugzeug noch am Himmel kreist. Es fliegt immer noch, und es ist ein beruhigender Laut. Ich beobachte das Flugzeug einen Augenblick.
»In der Nacht fürchte ich mich auf dem Friedhof«, sagt Cumat. Es sollte wohl ein Scherz sein, aber er sagt es mit einer Stimme, die andeutet, daß er jetzt schon die Hose voll hat. Sie sind lustig, weil sie sich Mut machen wollen. »Du mußt dahin springen!« schreien sie Josef an, der tut, als wolle er vom Dach herunterspringen.
»Du mußt dahin springen!« raten sie ihm. »Hier liegt doch euer Großvater begraben!«
Ruda spuckt über den Dachrand. »Ich gehe in meinem Leben nicht mehr in die Kirche!«
Res steht auf. »Jungs, ich kann hier nicht mehr lange bleiben.«
Erst jetzt erinnere ich mich an mein Zigarettenetui. Ich greife

unter das Hemd, es ist noch da. Ich drehe mich um und laufe weg. Die anderen interessieren mich nicht mehr. Ich laufe dorthin, wohin ich eigentlich zuerst hatte gehen wollen.

»Olda!« höre ich jemanden weit hinter mir rufen, nachdem ich schon eine Weile gelaufen bin. Dann schreien alle im Chor: »Oooldaa!«

»Blöööder Kleineeer!«

»Oooochseee!«

Ich laufe durch das hohe Gebüsch, wobei ich die Zweige mit den Händen auseinanderzerren muß. Ich brauche nicht erst auf den Kirchturm zu klettern, um die Straße zu sehen. Ich weiß, auf welche der sechs Linden am anderen Ende des Abhangs ich klettern muß. Sie hat an ihrem Stamm viele Äste. Ich ergreife sie und benutze sie als Stützen für die Füße. Ich schiebe mich weiter nach oben.

In der Baumkrone war es wie auf einem Aussichtsturm; ich konnte die ganze Landschaft übersehen. Sie sah aus wie eine Postkarte: blaue Hügel, grüner Fluß, weiße Brücke. Die Soldaten, die ich gesehen hatte, fuhren die Hügel hinunter, füllten die Brücke, eilten über die Straße, waren in eine Staubwolke gehüllt. Der Wind wehte von der anderen Seite, so daß die Geräusche kaum hörbar waren. Ich hielt es lange genug aus, um die Deutschen zu beobachten. Aber nirgendwo sah ich Panzer. Nun erst wurde erkennbar, daß das Flugzeug über der Brücke kreiste. Es flog immer in gleicher Höhe. Dann hörte es auf, mich zu interessieren, und ich rutschte wieder hinunter.

Noch einmal laufe ich durch das Akazien- und Haselgebüsch. Dort ist ein Sandufer, und ich rutsche stehend hinunter. Wie auf Skibrettern rutsche ich auf den Schuhsohlen.

Ich denke an meinen Vater, wie er zu Hause tobt, was er mir antun wird, wenn ich zurückkomme. Ich laufe zu den Weiden und schrecke die Rebhühner auf. Die Weiden bedecken eine ein Hektar große Fläche. Sie haben lange Ruten, die im Frühjahr gelb sind. Sie wachsen aus kleinen, abgeschnittenen Köpfen empor, über die ich stolpere. Ich habe mich in den glitschigen Ranken verfangen, sie berühren mein Gesicht, ich fühle die Knospen, den Baumsaft und die junge Rinde, als wenn mich lebendige Finger berührt hätten. So sieht auch Bambus aus. Ich habe meine Vorstellungen, es sind doch *meine* Weiden. Die Hütte aus Ziegelsteinen inmitten der Landschaft umschleiche ich erst von allen Seiten. Auf dem flachen Dach der Hütte wächst Gras. Es wäre eine ideale Behausung für einen Einsiedler. Die Hütte hat niemals eine Tür gehabt. Ich werfe Steinchen und eine Handvoll Sand in die schwarze Öffnung. Es ist nichts zu hören. Ich gehe zur Schwelle, kneife die Augen zu und blinzele hinein. In der Ecke der Hütte liegt ein zerdrücktes Bündel Stroh. Das ist nichts Neues, Stroh gibt es hier genug. Meine Augen schweifen über alle Wände. Ich stoße das raschelnde Stroh zur Seite. Um auszuruhen, will ich mich ins Stroh setzen, doch es ist mehr schon ein Hinfallen.

Jetzt ziehe ich drei Ziegelsteine aus der Mauer, die ich mir gekennzeichnet habe. Das ist mein Versteck. Hinter den Ziegeln gibt es eine Öffnung, in der ich eine Holzschachtel aufbewahre. Ich verwahre in der Schachtel einen auseinandergenommenen Wecker, einen Tennisball mit Monogramm K. K. und Gummis für meine Schleuder. Hier will ich auch meinen neuen Fund verstecken, das Zigarettenetui.

Ich hole meinen Schatz unter dem Hemd hervor. Zuerst wische ich das Silber mit dem Hemd ab, wische auch über die Zigaretten und rieche am Tabak. Dann nehme ich die Zigaretten heraus und stecke sie in die Hosentasche. In diesem Augenblick höre ich sehr nahe ein Motorrad. Ich lege rasch das Etui in die Schachtel, schiebe diese in die Mauer und die

Ziegel wieder an ihre Stelle. Plötzlich fällt mir auf, daß die drei losen Ziegelsteine jeden stutzig machen müssen. Ich werfe die Ziegelsteine weg, ziehe die Schachtel hervor und hole das Zigarettenetui heraus. Ich verlasse die Hütte und klettere auf das mit Gras bewachsene Dach. Im Gras hebe ich ein neues Versteck aus, umwickle das Zigarettenetui mit einem Lappen, decke es mit Sand zu, und dann klatsche ich den Boden mit den Händen fest.

Dann höre ich deutlich, wie jemand Deutsch redet. Sofort lege ich mich hin, und nur meine Augen lasse ich aus dem Gras schauen. Es kommt von sehr nahe, vom Weidenrand!

Da sehe ich auch schon die Soldaten. Es sind drei. Sie stehen neben einem Motorrad mit Seitenwagen und ziehen sich aus, werfen die Uniform weg und schlüpfen in Zivilkleidung. Anstelle der Helme setzen sie Hüte auf. Das geschieht alles sehr hastig, als ginge es um Minuten. Die Hüte behalten sie nicht auf dem Kopf. Sie haben sie nur anprobiert und werfen sie weg. Wahrscheinlich passen sie ihnen nicht.

Ich sehe deutlich, wie einer von ihnen eine Pistole in die Tasche steckt. Das Maschinengewehr, das an dem Motorrad lehnt, läßt er gleichgültig stehen. Sie waschen sich mit Wasser, das sie in einem Kanister haben. Obwohl einer seine linke Hand verbunden hat, ist er recht flink. Ständig schauen sie sich um, als hätten sie Angst. Ich krieche auf dem Bauch von der Hütte herunter. Vorher habe ich das Zigarettenetui wieder ausgegraben und unter dem Hemd versteckt. Ich laufe bis zum Strohschober und beobachte nun die drei Deutschen von oben.

Sie verlassen die Weiden und gehen quer über das freie Feld. Zuerst geht nur einer, die beiden anderen liegen am Weidenrand in den Sträuchern und passen auf. Erst als er den Hohlweg erreicht hat, folgen sie nach. Sie gehen weder langsam noch beeilen sie sich, es scheint, sie wollen nicht auffallen.

Das Motorrad mit dem Seitenwagen lassen sie in den Weiden zurück, als wäre es ein Ding, das einen so geringen Wert hat, daß man es einfach vergessen kann.

Ich habe die drei Deutschen sehr lange beobachtet. Sie kletterten den steinigen Abhang hinauf, die Füße rutschten ihnen im Sand weg. Sie kletterten vorgebeugt immer weiter bergauf, hielten sich an den Zweigen der niedrigen Sträucher, an Steinen und am Gras fest; ich sah, wie zwei dem dritten halfen, der sicherlich noch andere Verletzungen hatte als die an der Hand. Er hinkte und blieb öfter stehen. Dann sah ich sie nicht mehr. Sie sind ins Unterholz gekrochen. Es sah aus, als wenn sie zum Wald gehen wollten, wobei sie die Kirche umgingen.

Ich sauge an einem Grashalm und springe auf, schaukle auf dem Stroh, und der Strohschober federt wie eine Matratze. Hier oben weht immer ein Wind, auch, wenn es unten windstill ist; meine Augen und die Haare sind voll Stroh. Ich schaue immer noch dorthin, wo ich die Deutschen aus den Augen verloren habe. In diesem Augenblick erscheint am Himmel ein zweites Flugzeug. Auch eine Messerschmitt. Die Maschinen fliegen im Kreis übereinander, die Motoren rattern zweistimmig. Das Trommeln naht. Ich spucke Stroh aus. Trotz aller Kriegsereignisse ist für mich die Tatsache am wichtigsten, daß ich sehe, wie die Jungen von der Kirche über das grüne Heufeld zum Dorf gehen, das in den rot-blau-weißen Nationalfarben leuchtet. Es ist die ganze Bande. Von hier aus sehen sie wie kleine Ameisen aus. Ich erkenne die Leiter

auf ihren Schultern; sie sind es tatsächlich. Irgendwie haben sie es geschafft, wieder runter zu kommen. Das ärgert mich. Ich dachte, bei ihnen würde es länger dauern. Wütend rutsche ich den Heuschober hinunter, schüttele das Stroh aus Hosenbeinen und Ärmeln. Wie ich die da kenne, werden sie auf mich warten. Diesen Streich werden sie mir bestimmt nicht verzeihen. Von diesen Idioten will ich auch nichts verziehen haben! Immer wenn sie auf mich warten, weiß ich, wie ich gehen muß, damit sie vergebens warten.
Mehrere vollgestopfte Lastwagen verlassen jetzt das Gut in der Ebene – ich habe die Gruppe solider Häuser gerade vor mir. Die Lastwagen wirbeln Staub hoch. Sie sind mit Möbeln vollgestopft. Auch der schwarze altmodische Mercedes des Gutsbesitzers fährt weg.
Die Autos fahren hinter dem Gut an der Kapelle im Obstgarten vorbei. Es ist eine alte Kapelle. Auch die Bäume sind alt. Sie haben mächtige, schwarze Stämme, und durch die wenigen und noch kleinen Blätter sind ihre verästelten Kronen zu sehen. Die Autos fahren schnell zur Betonstraße und nehmen die Kurven scharf; sie haben es eilig. Hinter ihnen fahren noch zwei Traktoren mit Anhängern, deren Fracht unter Wagenplanen versteckt ist. Der Gutsbesitzer nimmt mit, was er nur mitnehmen kann. Aber ich sehe nirgendwo seinen neuen Opel; in dem alten Mercedes fuhr nicht der junge Singer, sondern die alte Dame, die Gräfin wird sie genannt. Sie soll blaues Blut haben; einmal habe ich sie gesehen, und damals hatte sie tatsächlich ein blaues Gesicht. Sie stammen aus Bayern. Der Besitz gehörte früher Moritz Weiss, der aber ein Jude war. Singer hatte dieses Gut als Belohnung von Hitler bekommen.
Plötzlich ist ein Schuß zu hören; ich erschrecke vor seiner Nähe und hebe den Kopf. Die Tauben sind hochgeflogen und

kreisen aufgescheucht in einem breiten Schwarm. Und dann fährt noch ein Auto durch das Tor, es ist der Opel. Der neue Wagen ist schneller als die alte Kiste der Gräfin. Die Einfahrt zum Gut ist jetzt frei, das Tor steht sperrangelweit offen, und niemand macht es zu. Der Lärm auf der Straße ist nun, nachdem ich das Gut erreicht habe, besser zu unterscheiden. Es sind Motoren und Panzer zu hören; ich sehe zwar die Straße nicht, aber sie ist wahrscheinlich voll von Soldaten.
»Selma!« schreie ich vor dem Tor. Ich denke nur an Singers Hund Selma. »Selma!« Ich pfeife das Signal. Sie antwortet mir nicht mit Gebell. Ich wiederhole den Pfiff einige Male. Ich habe Angst, den Hof zu betreten. Das Gut ist für mich eine fremde Welt, ich kenne es von jeher nur von außen, und auch die meisten Dorfbewohner (außer denjenigen, die bei Singer gearbeitet haben) hatten niemals den Hof betreten. Ich bleibe draußen im Gras sitzen. Aber dann stehe ich schnell auf, denn auf dem Hof sind Schritte zu hören, und durch das geöffnete Tor kommt Zyrill Vitlich. Ich weiß nicht, was er dort will; er hat doch nie für Singer gearbeitet. Seine Augen schweifen über die Allee, die Felder und den Strohschober. Es ist möglich, daß er mein Pfeifen gehört hat. Ich möchte wetten, daß er das nicht überhört hat, denn er hat ein Gehör wie ein Reh. Er kann mich nicht sehen, weil ich jetzt an der Mauer hinter seinem Rücken lehne. Ich freue mich, daß ich Vitlich sehe, und es ist möglich, daß er mich erkannte, als ich Selma rief. Ich pfeife auf zwei Fingern. Erschreckt dreht er sich um. Ich lache über das ganze Gesicht.
»Du Hundeohr«, sagt er zu mir. »Du verdammtes Hundeohr, was tust du denn hier?« Seine Stimme klingt streng und besorgt. Er hat seine uralte Manchesterhose an, die an den Knien schon durchgescheuert ist. Seinen Hut hat er schon, seitdem ich ihn kenne. Das zerknitterte Jackett trägt er auf

dem nackten Körper; Hemden verachtet er, und im Winter zieht er einen Sweater an. Ich schaue in sein liebes, drolliges Gesicht, das so viele Falten hat, als hätte er drei Weltkriege durchgemacht. Ich grinse ihn an, denn Zyrill ist mein Freund.
»Ahoi, Zyrill«, sage ich. »Ich war schon bei dir, bei den Hündchen.« Seine Augen schweifen zu den beiden Flugzeugen, zur Allee und über die ganze Landschaft. Er wirkt unruhig und nervös. Es scheint mir, daß er sich nicht besonders über meine Anwesenheit freut, das überrascht mich, denn ich freue mich immer, wenn ich Vitlich sehe.
»Kruzifix, daß du nicht zu Hause bleibst«, sagt er dann wütend. Aber ich lächle ihn immer noch an; ich kenne doch Vitlich, und seinen Ärger nehme ich nicht ernst. »Es wird geschossen«, sagt er. Als ob ich es nicht wüßte!
»Ich habe keine Angst«, sage ich. »Hast du Angst, Zyrill?« Er schnaubt. Das tut Vitlich ständig. Es sieht aus, als ob er sich seit seiner Geburt dauernd schneuzte.
»Wo hast du dir die Knie wieder aufgeschlagen?« fragt mich Zyrill. Er stößt mich hinein und macht das schwere Tor eiligst zu. Von innen schiebt er den Riegel vor. Es scheint, daß er sehr wenig Zeit hat.
»Die Deutschen waren in den Weiden«, berichte ich. »Sie haben dort ein Motorrad zurückgelassen. Sie haben sich dort umgezogen. Gerade jetzt waren sie dort, Zyrill.«
»Ja?« sagt er und schaut mich an. »Die Deutschen?«
»Drei.«
»Ich fragte nach deinen Knien. Sitzt du denn auf den Ohren?« Er wiederholt die erste Frage.
»Ich bin vom Rad heruntergefallen. Das macht doch nichts«, antworte ich.
»Vom Rad gefallen, ja? Du wirst dich noch totfahren. Du fährst wie ein Verrückter.«

Aber er sagte es nur so, damit er etwas sagte. Es schien mir, daß er an etwas ganz anderes dachte. Ich hätte gerne erfahren, woran er dachte. Nervös reckte er seine Schultern und seinen Hals, als wäre ihm der Kragen zu eng. Sein ganzer Körper und zeitweilig auch sein Gesicht zitterten. Wir schauten uns auf dem Hof um, alles war hier wie ausgestorben. Das Gut wurde in aller Eile verlassen, das war auf den ersten Blick zu sehen. Überall standen Möbelstücke, Kisten, lag Holzwolle herum. Auf dem Pflaster lagen Glassplitter; sämtliche Fensterscheiben waren zerbrochen. Vor dem Herrenhaus, wo der Name Arthur Singer leuchtete, stand ein Klavier.
»Ein Klavier«, sagte ich. »Sie haben es zurückgelassen.«
Vitlich schaute es nicht an, sondern ging zum Haus. Er ging so, als wenn er mit seinem Körper vor mir etwas verdecken wollte. Er machte es aber zu auffällig. Ich beschleunigte meinen Gang und sah erst nach rechts. Ich sah Selma. Sie lag ausgestreckt auf dem Pflaster vor dem Wagen.
»Selma!« rief ich. »Selma!«
Ich lief zu ihr. Sie rührte sich nicht. Es sah so aus, als wenn sie tief schliefe. Sie schlief nicht. Unter dem Hals, zwischen den beiden Vorderläufen, war ein Einschuß zu sehen. Die Haare rund um die Wunde klebten vor Blut.
»Er hat sie aus dem Fenster erschossen«, sagte Vitlich und schneuzte noch lauter und länger. Jetzt blieb er für einen Augenblick stehen. »So ein Schwein. Er konnte doch den Hund lassen. Ich weiß nicht, warum er ihn erschießen mußte. Hast du auch niemanden auf dem Weg gesehen? Kommt noch keine Prozession her?«
»Nein«, sagte ich. Ich wußte nicht, worüber er sprach. Ich begriff seine Worte nicht. Selma war noch schön, als sie tot war; sie hatte den edelsten Kopf und die edelsten Ohren aller Hunde, die ich kannte. Ich kniete neben dem Hund, strei-

chelte seinen Körper, und es schien mir, daß er noch lauwarm war. Ich ekelte mich nicht und sprach leise zu ihm.
»Auf der Allee an der Kapelle war auch kein Mensch zu sehen?« fragte Vitlich.
»Wer sollte denn schon hier vorbeikommen?« fragte ich.
»Niemand«, antwortete er. »Wir suchen uns eine Hacke und werden den Hund vergraben. Willst du nicht ihr Halsband mitnehmen? Sie hat ein ledernes Halsband um.«
Selma hatte ein schönes und sicher auch teures Halsband um. Sie konnte es nicht mehr gebrauchen, aber ich hätte es um nichts in der Welt an mich genommen.
»Nein.«
»Na ja. Ich lasse es ihr. Sie soll es mitnehmen. Wir suchen uns eine Hacke und vergraben sie.«
Ich stand auf und ging Vitlich über den Hof zu dem verputzten und bewohnten Gebäudeteil nach. Er stieß die Tür auf und ging hinein.
Mein Kopf war voll von Gedanken an Selma, aber das Hausinnere interessierte mich auch. Etwas Ähnliches, so einen Gang, wo die Decke, die Wände und der Fußboden mit poliertem Holz getäfelt waren, hatte ich in meinem Leben noch nicht gesehen.
»Die Schaufel und die Hacke werden sicher im Schuppen sein«, sagte ich zu Vitlich. Es sah nicht danach aus, als wenn sie Gerätschaft in diesem Palast gehabt hätten. Aber was wußte ich schon über das Leben der reichen Leute!
»Wir sehen sofort nach«, sagte Vitlich. »Du brauchst keine Angst zu haben. Wir werden ihr ein Grab wie für eine Prinzessin ausheben; sie wird dort wie in einem Federbett liegen.« Er stampfte durch die Holzwolle, über die zerrissenen Zeitschriften, Schachteln und Lappen auf dem Fußboden.
Er merkte, daß ich ihn beobachtete. Er hob eine Krawatte

auf, schaute sie an, griff sich an den nackten Hals, machte eine Grimasse, als wenn er sie sich umbinden wollte, aber dann gab er sie mir. »Hier, Olin! Diese Krawatte ist besonders schön! Behalte sie, bis du heiratest, damit du beim Pfarrer Eindruck machst.«

»Ich will sie nicht, ich will überhaupt nichts.«

Vitlich zuckte mit den Schultern, wunderte sich über mich und warf die Krawatte wieder auf den Fußboden.

»Wo werden wir Selma vergraben?« fragte ich.

»Im Garten«, sagte er. »Hinten an der weißen Mauer, wo die Sonne den ganzen Tag scheint. Dort möchte ich auch begraben werden.«

Zyrill hatte manchmal Einfälle, damit konnte man einen Toten zum Lachen bringen. Aber mir war nicht zum Lachen. Ich genierte mich, den glatten Fußboden zu betreten, der mich widerspiegelte.

»Hatte Singer viel Geld?« fragte ich Vitlich. »Hatte er eine Million?«

»Du weißt noch nicht, was das heißt, wenig oder viel Geld zu haben. Betteln brauchte er gewiß nicht.«

Ich drehte den Lichtschalter, und an der Decke erstrahlte ein zwanzigarmiger Metallüster.

Zyrill ging die Treppe hinauf und drehte sich wieder nach mir um. »Hat sich das schon im Dorf herumgesprochen, daß die Deutschen weg sind? Hat dich dein Vater hergeschickt, damit du hier bei den Deutschen aufpaßt?«

»Warum...?« wunderte ich mich. Seine Fragen gingen mir langsam auf die Nerven, weil ich sie nicht verstand. »Ich war mit den Jungen an der Kirche... Warum sollte er mich herschicken...?«

Vitlich antwortete manchmal so, daß man seiner Antwort das entnehmen konnte, was man wollte.

»Schade, daß Singer auch die Pferde mitgenommen hat. Dein Vater könnte ein Pferd zu eurer Stute gebrauchen. Ein einziges Pferd ist ein großes Risiko. Wenn es krank wird, ist man aufgeschmissen... Du hältst mit den Jungs wieder Kameradschaft?« Er hatte das Gespräch auf etwas anderes gelenkt. Da mußte man aufpassen, um alles mitzukriegen.
»Hm.«
Ich drehte an einem anderen Lichtschalter. Aber ich überlegte mir seine Worte. Das Licht unter dem Aquarium in der Wand leuchtete auf. Hinter dem Glas schwammen farbenprächtige Fische. Einige sahen gar nicht wie Fische aus. Ich drehte mich zu Vitlich um. Er nahm irgend etwas aus den Schachteln heraus. Er suchte was. Als er sah, daß ich ihn beobachtete, setzte er eine Maske auf, die er vom Fußboden aufhob. Es lagen davon viele hier herum. Die Reichen liebten wahrscheinlich Maskenbälle.
Aber Vitlich hörte sofort auf zu grinsen. »Hörst du nichts?« Seine Augen irrten hin und her. »Pocht jemand an das Tor?«
»Nein. Das sind schon die Kanonen, Zyrill«, sagte ich.
Aber Vitlich war schon nicht mehr im Zimmer. Ich lief hinterher. Er war im Wohnzimmer, in dem die meisten Papiere lagen. Dort stand ein Schreibtisch, und es gab viele Gläser mit Getreidesorten. Es sah aus wie im Büro einer landwirtschaftlichen Genossenschaft.
Vitlich kniete nieder und wühlte in den Papieren, die aus Schubfächern herausquollen.
»Suchst du etwas, Zyrill?«
»Nein«, antwortete er. »Nichts. Ich sehe nur nach, was hiergeblieben ist.«
»Warum?«
»Es interessiert mich.«

Er stand auf. Er machte die Tür zum Nebenzimmer auf. Das war Singers Badezimmer. Und was für ein Badezimmer! Alles war aus Chrom! Ich spiegelte mich an den verkachelten Wänden. Zyrill Vitlich machte mich auf die Waage mit dem verstellbaren Größenmaß aufmerksam. »Willst du dich messen?« fragte er mich. Er mußte das Haus gut kennen, wenn er wußte, wo was war. Er ließ den glänzenden Schieber auf meinen Kopf nieder, schaute die Zahl nachdenklich an, sagte sie mir aber nicht.

»Du mußt Linsen essen. Dann wirst du mächtig in die Höhe schießen. Du brauchst keine Angst zu haben! Was denn! Du wirst schon wachsen, Olin.«

»Das ist mir egal.« Ich sprach die größte Lüge meines Lebens aus.

Es gab hier viele Tiegel; eine ganze Drogerie war das. Ich steckte den Finger in ein Reagenzglas; nun roch er nach etwas, was ich noch nie gerochen hatte. Ich ging wieder hinter Vitlich her. Bevor ich aber das Badezimmer verließ, stellte ich mich vor das herrliche Porzellanspülbecken. Ein kleines Geschäft in diesem Luxus zu machen, war außerordentlich verlockend. Als ich wieder in das Wohnzimmer zurückkehrte, wo die Papiere, der Schreibtisch und die Schubfächer waren, suchte Vitlich immer noch fieberhaft. Er war dabei sehr ernst.

»Suchst du nach Geld, Zyrill?« fragte ich.

Er drehte sich sofort um und lächelte, blinzelte gutmütig mit den Augen. »Ja«, antwortete er. »Ich könnte schon die Singerschen Millionen gebrauchen!« Er hörte auf zu suchen und zerriß irgendeinen Brief.

»Würdest du dir wieder Pferde und Land kaufen?« fragte ich ihn.

»Einen Dampfer«, antwortete er. »Damit ich nach Afrika ab-

dampfen könnte. Würdest du mit mir kommen, Hundeohr?«
Ich schwieg. Er dachte doch gar nicht an den Blödsinn, den er sagte, das sah ich ihm an.
»Komm«, sagte er. »Wir suchen nach einer Hacke. Wir vergraben die Hündin.« Er machte eine Grimasse in den Spiegel. Ich lachte. Er war wieder der alte Zyrill Vitlich. Niemand konnte solche Grimassen schneiden.
Im Gutshof begann er zuerst, die Gummiräder von den vier guterhaltenen Leiterwagen abzumontieren. Singer hatte die modernsten Wagen aller Bauern; sie waren zu schwer und groß, um sie mit nach Bayern zu nehmen. Die Flugzeuge kreisten immer noch am Himmel, und die Front war deutlicher zu hören. Was Zyrill da tat, überraschte mich. Er schnaubte bei der Anstrengung und hinkte mit dem steifen Bein; aber so geschickte Hände, wie er sie hatte, gab es selten. Er wischte sich die Nase ab, grinste und horchte ab und zu, ob jemand käme. Die abmontierten Räder rollte er in die Scheune, deckte sie mit Stroh zu.
»Warum tust du das, Zyrill?«
»Ich spiele nur«, antwortete er. »Was hast du sonst gedacht?« Er runzelte dabei die Stirn, blinzelte mit den Augen und schnalzte mit der Zunge.
»Du spielst nicht«, sagte ich. »Das ist doch kein Spiel.«
»Hab ich dich schon mal angelogen, Olin?« fragte er. Dabei machte er ein Gesicht wie ein Heiliger.
»Jedesmal«, sagte ich. »Immer.«
Sein Gesichtsausdruck veränderte sich, ohne daß er seine Arbeit unterbrochen hätte. »Aus dir wird ein intelligenter Mensch, Olin«, sagte er ernst. Dabei sah er mich an, als erblicke er mich zum ersten Mal in seinem Leben, und da wußte ich nicht, wie ich mich verhalten sollte.

»Du wirst im Leben keine Niete abgeben, Olin«, er überlegte laut. »Komm her, leg den Hebezug drunter!«
Der Hebezug wog einen Zentner, aber ich versuchte, männlich und leicht damit umzugehen.
»Ist er nicht zu schwer für dich?«
»Nein.«
»Du mußt ihn ein wenig weiter stecken«, sagte er und beobachtete dabei meine Hände. »Noch ein Haar!«
Ich habe es so gemacht, wie er es haben wollte.
»Verlaß aber möglichst bald das Dorf, Olin. Fahr beizeiten weg! Wenn du hier bis zu deinem zwanzigsten Lebensjahr bleibst, dann bleibst du hier für immer. Wie dein Vater. Wie dein Großvater Ondrej. Den kennst du nicht mehr, nicht wahr?«
»Nein.«
»Sei froh«, sagte er.
Er sprach es so aus, daß es mich überraschte. Ich glaube, daß ich für einen Augenblick mit offenem Mund dastand. Das Gummirad, das er gerade abmontierte, wäre mir beinahe aufs Knie gefallen. Ich stand dort wie ein Holzkloben.
»Zyrill, du kanntest meinen Großvater?« fragte ich ihn. Meine Stimme zitterte wahrscheinlich; es war mir, als wenn ich plötzlich zu einem anderen, unbekannten Wesen vordringen würde.
»Selbstverständlich kannte ich ihn«, sagte er. »Weißt du, wie er genannt wurde? Die Butte. Er trug eine Holzbutte auf dem Rücken. Trug sie vom Frühjahr bis zum Winter, und niemals nahm er sie vom Rücken ab. Er trug in dieser Butte ein Vermögen nach Hause. Er hob jeden Apfel auf, der auf dem Weg lag. Wenn dort kein Apfel lag, dann schüttelte er eben den Baum – dein Großvater konnte wirtschaften, er stahl alles, was nicht niet- und nagelfest war. Mit sechzig Jahren konnte

er noch einen Hasen müde jagen. Und er war ein Geizhals«, sagte Vitlich. »Niemand war ein so großer Geizhals wie dein Großvater. Niemand auf der ganzen Welt. Ehe er ein fremdes Feld bemistete, hätte er lieber in die eigene Hose gemacht.«
Zyrill hatte schon alle Räder von den vier Wagen abmontiert. Er war immer noch nervös und sprach mit mir nur so nebenbei, um überhaupt etwas zu sagen. Damit ich Ruhe gab.
»Ich könnte dir über deinen Großvater bis zum nächsten Morgen erzählen«, sagte er.
»Er war kein Geizhals«, verteidigte ich den Großvater, weil Zyrill mich wütend machte. »Das ist nicht wahr!«
Er schaute mich an. Für einen Augenblick fühlte ich seinen nachdenklichen Blick. Er zwinkerte. Dann schneuzte er sich wieder, und zeitweilig schien es, als habe er gar kein Gesicht, sondern nur eine Nase. »Na ja«, sagte er, »es ist möglich, daß ich ihn mit jemandem verwechsle. Das ist schon möglich.« Er beobachtete mich dabei.
»Wie alt bist du?« fragte er.
»Zwölf«, antwortete ich. Ich war immer noch wütend.
»Ach so«, sagte er. »Mein Gedächtnis läßt schon ein wenig nach.«
Vitlich wischte seine breite Hand an der Hose ab.
»Es scheint mir, daß dein Großvater sehr freigebig war. Was er hatte, das hat er auch verteilt. Ich glaube, daß die Menschen ihn nicht die Butte, sondern die Freigebige Hand genannt haben.«
Er sagte das durch die Nase, als verursachte das Sprechen bei ihm einen innerlichen Druck.
»Du sagst mal so und mal so!« brüllte ich. Ich konnte seit meiner Kindheit toben, wenn mich etwas außerordentlich berührte. Ich fand ein Stück Papiersack auf der Erde und deckte damit die erschossene Hündin zu. Ich konnte ihre offenen

Augen nicht mehr sehen. Ich sah, daß Vitlich mich beobachtete. Er wandte aber seinen Kopf sofort ab und schaute zum Himmel, wo immer noch die beiden Flugzeuge kreisten.
»Die Deutschen bewachen die Brücke«, sagte er. »Damit die Russen sie nicht in die Luft jagen.« Erneut richtete er seine Augen auf mich. »Willst du nicht deinem Vater eine Kleinigkeit mitbringen für den Hof?« fragte er. Er zeigte auf den großen Elektromotor auf der Trage. »Einen Motor oder eine Dreschmaschine? Was möchtest du mitnehmen?«
»Gehört dir das alles vielleicht, Zyrill?«
Er blinzelte mit den Augen. »Ich glaube, daß du niemals nach deinem Großvater geraten wirst. Nicht einmal nach deinem Vater.«
»Ich möchte die Fische«, sagte ich. Ich zeigte mit der Hand zum Haus, wo ich vorher das Aquarium gesehen hatte. »Ich würde das Aquarium mitnehmen.«
»Was denn?«
»Die Fische«, wiederholte ich, »in der Glaskiste.«
Seine Augen drohten herauszufallen.
»Das Aquarium? Was willst du damit machen? Dein Vater würde die Fische den Schweinen zu fressen geben und in das Glas Gurken einlegen. Ich glaube, du wirst wie deine Mutter werden«, sagte er.
Jetzt wog er die Trage mit dem Elektromotor in der Hand ab. Er konnte sie nicht einmal anheben. Anscheinend ärgerte ihn das sehr. Ich begriff nicht, warum. Er schaute sich die Windungen der Spulen an und pustete den Staub vom Motor, damit er sich alles genau ansehen konnte.
»Deine Mutter wird direkt in den Himmel kommen«, sagte er. »Die kleinen Leute nimmt der Herrgott ohne das Fegefeuer auf. Sie haben es doch auf der Erde«, sagte er.
»Meine Mutter ist nicht *klein!*« Dabei pustete ich den Staub

vom Motor, so daß Zyrill ihn ins Gesicht bekam. Ich habe das absichtlich getan, und es war ihm klar, daß es kein Zufall war. Ich sprang lieber ein paar Schritte zurück.
Er wischte sich über die Augen.
»Meine Mutter kennst du überhaupt nicht, Zyrill!« sagte ich. »Du kennst überhaupt keinen Menschen! Weder meinen Vater noch meinen Großvater!«
»Nein«, antwortete er zornig. »Ich bin wohl vom Kirschbaum heruntergefallen. Geh nach Hause, wenn du hier schreien willst! Geh! Worauf wartest du noch...?«
»Du hast gesagt, daß wir die Hündin begraben«, sagte ich. »Ich warte immer noch darauf.« Ich wußte, daß er mich mit seinem steifen Bein nicht einholen konnte, auch wenn er es wollte. In bestimmten Dingen war ich ganz schön ausgekocht.
»Ich glaube, daß ich dich zuerst zusammenschlage«, sagte er und spuckte aus. Es war möglich, daß er noch Staub im Mund hatte. »Ich glaube, daß ich dich in den Hintern trete!«
»Da müßtest du mich aber zuerst fangen. Mit einem Bein kannst du mich doch nicht einholen!« Ich schnitt ihm eine Fratze und lachte ihn aus.
Er stand da und schaute mich an. »Mach, daß du wegkommst. Sonst wirst du zum zweitenmal weinen.«
Sicherheitshalber trat ich noch ein Stück zurück. Wenn ich mich jetzt an alles erinnere, glaube ich, daß ich damals ein ganz großer Gauner war.
»Wann habe ich denn schon geweint?« rief ich. »Wann hast du mich weinen gesehen, Zyrill?« provozierte ich ihn.
»Du jammerst wegen der Hündin.«
»Aber ich habe nicht geweint!«
»Aber es war gerade so!«
Er hob den Universalschlüssel, und ich glaubte, daß er ihn

nach mir werfen wollte. Ich machte eine ausweichende Bewegung, weil er zum Schlag ausholte. Aber er steckte den Schlüssel in die Tasche.

»Hier könnte er wegkommen«, sagte er. »Ich kann ihn noch verkaufen.«

Das war für ihn ganz logisch. Sein Ton war wieder normal, als wenn nichts geschehen wäre. So war seine Natur. Er konnte gewisse Dinge großzügig übergehen. Seine linke Wange zuckte. Er wollte noch etwas sagen. In diesem Augenblick hörten wir aber Stimmen und Pferdehufe vor dem Tor.

»Komm her«, sagte Vitlich leise. Seine Augen bekamen plötzlich einen lauernden Ausdruck. Er lief lautlos zum Wagenschuppen und zum Speicher. Ich lief selbstverständlich hinterher.

»Schnell, Kleiner«, rief Vitlich erregt.

Ich überhörte den Spitznamen mit Rücksicht auf die ungewöhnliche Situation. Wir schlüpften hinein. Er machte die Speichertür zu und schob den schweren Eisenriegel vor. Wir atmeten auf.

»Ich dachte schon, sie wären nicht mehr gekommen«, sagte er. »Aber dann müßten diese Bauern ja ihren Charakter ändern!«

Ich ahnte nicht, von wem Vitlich sprach. Er zog das Bein hinter sich die Holztreppen hoch und ging bis zu einem vergitterten Fenster, wo er den Weg vor dem Gut und das verschlossene Tor übersehen konnte. Zyrill Vitlich schaute vorsichtig hinaus, damit ihn von draußen keiner sah. Ich stellte mich auf die Zehenspitzen. Vergeblich, ich konnte überhaupt nichts sehen. Ich bemerkte den Holzkübel zum Abmessen von Getreide und stellte mich darauf. Nun sah ich vier Bauern, und zwar Kadera, Cumat, Res und Vasak, angesehene Bewohner

unseres Dorfes, gute Katholiken, Besitzer von Gehöften, die nicht mit Schulden belastet waren. Sie standen vor dem Gutstor, und ich wußte nicht, warum. Erstaunlich war, daß sie ihre Pferde mitgenommen hatten. Kadera hielt die Pferdeleinen, während die anderen drei versuchten, das schwere Tor aufzumachen. Die Pferde waren beschirrt. Die Bauern schauten ständig nach allen Seiten. Ich wußte nicht, ob sie noch jemanden erwarteten. Aber vielleicht waren sie nur deshalb unruhig, weil die Front deutlich zu hören war. Kadera regte sich auf. »Kruzifix, wer hat bloß den Riegel vorgeschoben? Wer war schon hier, verflucht!«
Anstelle dieser angesehenen Väter stellte ich mir ihre vier Dummköpfe von Söhnen vor. Kadera würde sicher auf dem Pferd sitzen und die anderen sich abrackern lassen. Cumat würde mit den Schultern gegen das Tor stoßen und großtun: »Ich breche das Tor auf!« Genauso, wie es der alte Cumat immer sagte. Res würde wie immer die Hose voll haben. »Was denn, wenn dort jemand zurückgeblieben ist?« würde er fragen und vor Angst in die Hose machen. »Vielleicht ist jemand von den Deutschen zurückgeblieben?!« Vasak würde mit einer solchen Leichtigkeit auf das Tor klettern, mit der zum Beispiel ein Elefant auf einen Baum klettert. Und trotzdem würde alles vergebens sein. Genau wie in diesem Augenblick sein Vater würde auch er herunterpurzeln. Der alte Vasak drehte sich Kadera zu: »Weißt du genau, daß Singer schon weggefahren ist?«
»Ich hab doch Augen im Kopf, nicht wahr?« sagte Kadera ärgerlich. Die Flugzeuge am Himmel beunruhigten ihn. Jede Minute schaute er zum Himmel. Auch die Leere der Felder rings um das Gut beunruhigte ihn. Sicher hatte er Angst. Vielleicht dachte er, jemand könnte hinter den Strohschobern versteckt sein.

»Wer würde sonst das Tor von innen abriegeln?« wunderte sich Vasak. »Wenn sie weggefahren sind, können sie doch das Tor nicht von innen abgeriegelt haben.«
Keiner der Bauern hatte etwas von einem Helden an sich.
»Wir sollten hier nicht zu lange bleiben«, sagte Res.
Vitlich, neben mir am kleinen Fenster, fragte: »Siehst du die?«
»Hm.«
»Behalte sie im Gedächtnis«, sagte er. »Sieh sie dir genau an und behalte sie im Gedächtnis!«
»Warum sind sie hergekommen, Zyrill?« fragte ich leise. Ich wußte nicht, was sie hier wollten, und Zyrill erkannte an meinem Tonfall, daß ich es wirklich nicht wußte. Er drehte sich überrascht um und schaute mich einen Augenblick an. »Du hast noch ein schweres Leben vor dir«, sagte er. »Bevor du den Verstand bekommst.«
Er machte mich am meisten wütend, wenn er mit mir in Rätseln sprach. Als wenn ich gerade in die erste Volksschulklasse kommen sollte. Ich fragte ihn nichts mehr, und es fiel mir auch nicht ein, ihn zu bitten, mir das alles zu erklären. Ich versuchte selbst, der Sache auf den Grund zu kommen. Wieder streckte ich mich bis zu dem kleinen Speicherfenster, um die Bauern deutlich zu sehen.
Vasak und Res hielten sich an den Händen und stützten Cumat, damit dieser sein hundert Kilogramm schweres Hinterteil auf das Tor wuchten konnte. Kadera stand auf dem Rükken eines Pferdes und schaute über das Tor auf den leeren Hof.
Cumat überwand schließlich doch das Tor und sprang auf der anderen Seite herunter. Er fiel auf die Zehenspitzen, federte, seine Hände hielt er ordnungsgemäß ausgebreitet, hielt Gleichgewicht. Dann ruft er in alle Ecken des verlassenen Ho-

fes: »Ist jemand hier?!« Er schließt schnell das Tor für die anderen drei auf: Kadera, Res und Vasak. Damit er nicht allzu lange allein zu sein braucht. Der alte Cumat ist genauso ein ›Held‹ wie sein Sohn.

»He! Ist jemand da?!« Er ruft es in einem Ton, so wie man sich manchmal im Wald verständigt.

»Schrei hier nicht so!« sagt Kadera zu ihm. »Schrei nicht so!«

Vitlich und ich stehen an dem ihnen gegenüberliegenden Speicherfenster, unsere Beine sind bis zu den Knien im Getreide vergraben. Wir beobachten, was sie tun.

Sie stehen abwartend dort, schauen sich um, und die Leere des Hofes wirkt für einen Augenblick beklemmend auf sie. Die Pferde haben sie vor dem Tor gelassen.

Für mich sind sie genauso aufgeblasen und grobschlächtig wie ihre Söhne. Manche menschliche Eigenschaften vererben sich anscheinend von einer Generation zur anderen. Die Kinder ihrer Kinder werden mit kleinen Veränderungen den Vätern ihrer Väter ähneln, und alle werden denken, daß das ganze Dorf ihnen gehört und daß sie hier machen können, was sie wollen.

Für einen Augenblick stelle ich sie mir, ohne jegliche Würde, in ihren Unterhosen vor oder wie vier Ochsen, die umhergaffen und denen der Speichel aus dem Maul tropft. Ja, ich denke mir manchmal Dinge aus, die Kinder niemals über jemanden denken sollten.

Kadera läuft zum Wagen mit den abmontierten Rädern. Er schreit wütend: »Wo sind denn die Räder von dem Leiterwagen, verflucht?« Er schaut sich um, als wenn Räder fliegen könnten... Die vier sind schon ein herrlicher Anblick. Sie schauen sich spähend um, als gäbe es ein Gespenst zu entdekken.

»Hier war schon jemand«, sagt Cumat.
»Oder ist noch«, läßt sich Res hören.
»Ist jemand hier?« schreit Vasak.
Ich schaue Vitlich an, und erst jetzt wird mir alles klar, ich fange an zu begreifen. »Zyrill«, sage ich zu ihm. »Du hast gewußt, daß sie die Wagen holen kommen?«
»Ich habe heute nacht davon geträumt«, lügt Vitlich. Ich möchte gern wissen, wann er endlich aufhört, mich wie einen Dummkopf zu behandeln!
»Wenn ich doch nur wüßte, welcher Saukerl das hier schon gerochen hat?!« hören wir Kadera wütend schreien. Er geht direkt zum Elektromotor.
»Das konnte ich mir denken«, sagt Vitlich leise. Er sagt es eher nur für sich. Wir beobachten die Bauern. »Der ist doch schlau wie ein Bischof!« sagt Vitlich. »Kadera weiß, was Wert hat!«
Cumat zieht einen gewöhnlichen Wagen mit Eisenrädern aus dem Schuppen. Als er sieht, wie sehr sich Kadera für den Elektromotor interessiert, läßt er den Wagen stehen und geht zu ihm. »Du hast schon einen Motor, Gustl!« sagt er zu Kadera.
»Er ist aber schwach«, antwortet Kadera, ohne zu zögern. »Kommt und helft mir, ihn wegzuschaffen.« Er nimmt keine Notiz von Cumats Interesse. Kadera denkt gewiß sehr oft, daß die Welt hauptsächlich für Kadera geschaffen wurde. Es ist erstaunlich, daß ihm keiner etwas sagt.
Cumat trippelt nur vor Ungeduld, macht ein finsteres Gesicht, sieht in diesem Augenblick wie ein geschlagener Hund aus und versucht für sich zu retten, was noch zu retten ist.
»Aber diesen Wagen habe ich für mich herausgezogen«, sagt er schnell. »Ein anderer Wagen ist nicht mehr hier. Ich kann ihn gut gebrauchen.«

»Ich könnte auch einen Motor gebrauchen«, sagt Vasak zu Kadera. »Ich hab überhaupt keinen Motor.«
»Ich habe ihn mir genommen, also gehört er mir.« Kadera will darüber nicht diskutieren.
»Wir helfen dir, ihn aufzuladen, und wir können diesen Motor zusammen benutzen«, schlägt Res vor.
»Daß ich euch bloß mitgenommen habe!« bedauert Kadera. Aber dann stimmt er doch zu, daß sie den Motor gemeinsam benutzen werden. Er stimmt zwar ungern zu, aber so ist es auf der Welt.
Die Bauern tragen den Motor zum Rollwagen. Jeder trägt an einer Trage. Sie rackern sich ab und stöhnen, denn der Motor wiegt ein paar Zentner.
Ich habe sie nie geachtet, aber bis zu diesem Apriltag, wo ich sie vom Speicher aus beobachtet habe, hätte ich sie gewiß nicht des Diebstahls verdächtigt. Alle vier waren doch so reich, daß sie so etwas Niederträchtiges gar nicht nötig gehabt hätten.
»Sie sind gekommen... Wollen sie... Wolltest du die Sachen... mitnehmen?« fragte ich Vitlich.
Er schaute mich an und schüttelte den Kopf. »Nein«, sagte er. »Sie sind nicht gekommen um zu stehlen, sondern um zu ›tschechisieren‹. Es ist zwar das gleiche, aber manchmal kann es wie die vaterländische Pflicht aussehen. Das sind Leute, die sich darauf den ganzen Krieg gefreut haben...
Aber das verstehst du noch nicht. Das wirst du verstehen, wenn bei dir erst einmal der Bart anfängt zu sprossen.«
Diese Beleidigung überging ich, als wäre sie gar nicht ausgesprochen. Ich wollte *jetzt* klarsehen.
»Sie haben doch eigene Wagen, Zyrill«, wunderte ich mich. »Haben sie vielleicht keine Wagen?«
Vitlich zog die Augenbrauen hoch, schneuzte und schaute

mich wieder wie einen Dummkopf an. »Wenn nur diejenigen stehlen, Olin, die es nötig haben, dann wird gar keiner mehr stehlen«, sagte er. »Es gäbe dann keine Diebe auf der Welt.«

Die Bauern versuchten eiligst, eine große Dreschmaschine aus dem Schuppen zu schieben. Sie stöhnten, schnaubten, mühten sich, bis ihnen beinahe die Sehnen rissen. Sie waren sich schon wieder einig, und jeder schob an einem Rad.

Ich habe sie mit Zyrill Vitlich die ganze Zeit beobachtet, bis sie alles, was sie gebrauchen konnten, aufgeladen und mit der Peitsche geknallt hatten und vom Hof gefahren waren. Nur unter größter Anstrengung konnten die Pferde die schweren Lasten ziehen.

Es war schon Abend, als ich mit Vitlich die Hündin begrub. Sie lag bald in der Grube, und wir schaufelten den Lehm hoch auf. Der Himmel war dunkel und violett. Der Donner der Geschütze war ständig zu hören. Es sah aus, als nahe ein heftiges Sommergewitter. Irgendwo über der Straße flog eine Leuchtkugel hoch, zerspritzte in farbige Funken und verschwand hinter den Dächern des Gutes.

»Der Herr Pfarrer sagt, daß die Front wie nichts vorübergehen wird«, meinte ich, um auch etwas zu sagen. »Er meint, daß wir es möglicherweise überhaupt nicht merken werden.«

»Der Herr Pfarrer versteht nichts davon«, antwortete Vitlich. Er klopfte die Erde mit dem Spaten glatt, stöhnte dabei und beugte sich vor. Dann schneuzte er sich wieder. »Du kannst es ihm bei der Beichte sagen. Ich lasse es ihm ausrichten. Gehst du überhaupt zur Beichte?«

»Ich gehe.«

»Machst du auch den Ministranten?«

»Er hat mich nicht genommen.«

»Das kannst du dir hoch anrechnen. Er nimmt nur Dummköpfe als Ministranten.«
Bei der Arbeit hinkte Zyrill besonders stark. »Ich werde für dich eines der Hündchen großziehen. Du wirst schon sehen, was ich ihm beibringen werde! Es muß aufs Wort gehorchen. Ich werde es auch noch andere Dinge lehren!«
Er wußte immer, wann ich einen weichen Augenblick hatte und am liebsten geweint hätte.
»Denk schon nicht mehr an sie, an Selma. Schlag sie dir aus dem Kopf. Sie war nichts Besonderes, hatte eben vier Beine, Ohren und Schwanz.«
»Sie war... ein Rassehund«, verteidigte ich meine Erinnerung an die Hündin.
»Na und? Als wenn das etwas wäre! Gibt es nicht genügend solche Hunde?« Er legte seine Hand auf meine Schulter. »Wegen einem Hund wirst du doch nicht weinen?«
Ich drehte mich schnell zur Seite, damit er mir nicht in die Augen sehen konnte, und bückte mich, um einen Stein aufzuheben. Das Zigarettenetui, das ich unter dem Hemd verbarg, fiel dabei heraus. Ich wollte es aufheben, aber es lag näher bei Vitlich, und er hob es auf. Und natürlich, wenn er es schon in die Hand nahm, machte er es auch auf. Es war noch nicht so dunkel, daß er die Fotografie der nackten Frau nicht genau gesehen hätte. In diesem Augenblick bin ich sicher puterrot geworden. Er schaute mich schweigend an. Ich kannte mich mit ihm nicht genügend aus.
Für alle Fälle ging ich ein paar Schritte zurück.
Zyrill Vitlich schaute mich ziemlich lange an. Er schluckte, wischte seine knollige Nase ab und fragte mich schließlich: »Ist das jemand aus eurer Familie?«
Ich schüttelte den Kopf und schaute zum Tor, ob ich, wenn es nötig sein würde, durch das Tor fliehen könnte. Und ich

schaute zur Mauer, ob es nicht vorteilhafter und schneller wäre, über die Mauer zu verschwinden.
»Eben«, sagte er. »Deine Tanten kenne ich, aber das hier ist keine von ihnen.« Er machte das Zigarettenetui zu, streckte die Hand aus und gab es mir wieder, als wäre es ganz normal, daß ich so etwas besitze.
Ich steckte das silberne Zigarettenetui wieder unter das Hemd. »Ich hab's gefunden... Es lag auf dem Weg«, stotterte ich. Vitlichs Großzügigkeit verwirrte mich. Mit der anderen Hand griff ich in die Hosentasche, nahm die Zigaretten heraus und bot sie ihm in der offenen Hand an. Das war auch für ihn zuviel, und er glotzte mich an.
»Du... rauchst?« fragte er und atmete dabei schneller.
»Manchmal«, triumphierte ich. »Nur... manchmal.«
Er nahm die Zigaretten; eine davon drehte er zwischen den Fingern und las, was es für eine Marke war. »Memphis...« sagte er nachdenklich. Er schneuzte sich zuerst, dann nahm er die Streichhölzer heraus, zündete eine Zigarette an. Fast nachdenklich pustete er den Rauch aus. Seine Augen sahen mich immer noch verwundert an. »Wenn das dein Vater bei dir findet«, sagte er dann langsam und ernst, »wird er dich totschlagen, Olin!« Erneut pustete er den Rauch aus. »Wenn ich dein Vater wäre, würde ich das gleiche tun.«
Als ich dann abends mit Vitlich vom Gutshof zurückkehre, wiederholt sich die übliche Szene vor unserem Haus. Ich habe mich in der Dunkelheit versteckt, an die Mauer angelehnt und schaue unsere Haustür an. Die Mutter kommt an die Hausschwelle, hinter ihr ist ein gelbes, flimmerndes und schwaches Lichtrechteck. Sie schaut in die Dunkelheit. »Olda!« ruft sie. Sie vermutet mich hier. »Oldrich!«
Ich schweige, denn ich beobachte meine Mutter gern. Sie ist barfuß, und im Haar trägt sie Spangen. Sie hat wunderschö-

nes, langes Haar, das ihr bis an die Schulter geht. Bis heute sehe ich das Haar meiner Mutter vor mir.
»Oldrich, komm doch nach Hause! Komm schlafen!«
Ich melde mich nicht und halte die Luft an. Ich will, daß sie noch weiter redet. Ich weiß alles, was noch kommt; ich kenne unseren ganzen Dialog, unser ganzes Spiel auswendig, aber ich will, daß sie noch einmal meinen Namen ausspricht.
»Olin«, sagt sie. »Es ist schon zu spät, komm doch!« Ihre Stimme zittert. Sie hat Angst um mich. Sie muß mich jetzt verraten, aber sie liebt mich.
»Hörst du mich?«
»Ist der Vater zu Hause?«
»Er schläft schon.«
»Er schläft nicht.«
»Ich sage dir doch, daß er schläft.«
»Du sagst immer, daß er schon schläft.«
»Heute ging er früher schlafen. Schrei nicht. Komm nur.«
»Bekomme ich Prügel?«
»Du bekommst keine Prügel.«
»Du sagst immer, daß ich keine Prügel bekomme.«
»Heute bekommst du keine Prügel.«
Ich will diesen Augenblick verlängern; das, was danach kommt, noch ein wenig hinausschieben.
»Du hast nur das Hemd an. Du erkältest dich noch. Komm doch!«
Ich weiß, daß ich Prügel bekomme; ich weiß es genau. Ich habe mich damit niemals geirrt.
»Komm doch, Olin«, sagt sie wieder. »Komm und ärgere mich nicht.«
Ich gehe von der Mauer los, gehe langsam, komme an die beleuchtete Stelle, und sie sieht mich schon von der Hausschwelle aus. Ich höre, wie sie aufatmet.

»Mutti«, sage ich. Ich stehe schon neben ihr an der Hausschwelle. »Mutter!«
Ich ergreife ihre Hände und berühre ihr Haar; meine Mutter ist genauso groß wie ich, vielleicht ein wenig größer. Wenn ich sie so von nahem beobachte, dann zittern ihre Lippen, ihr Gesicht ist zart, sie hat große Augen und sehr schmale Schultern.
Es ist für mich keine Überraschung, daß der Vater hinter der Tür steht. Es ist keine Überraschung, daß er plötzlich vor mir steht und daß er mich mit beiden Händen festhält wie in einem Schraubstock. Damit habe ich tatsächlich *gerechnet*.
»Wo warst du denn wieder?« fragt er. »Du Lump!«
Ich weiß nicht, wohin er mich schlägt. Ich versuche, an etwas anderes zu denken. Aber die Mutter macht etwas, was ich nicht erwartet habe, sie hält mich plötzlich fest und steht vor meinem Körper wie ein Schild.
»Schlag ihn nicht«, sagte sie. »Ich mache es schon mit ihm allein aus.«
Er schaut zuerst die Mutter und dann mich an.
»Schlag ihn nicht, sonst wirst du ihn noch eines Tages totschlagen!« sagt die Mutter.
Für Vater ist es immer sehr schwer aufzuhören, wenn er angefangen hat.
»Er soll mir aus den Augen gehen, sonst werde ich ihn tatsächlich noch totschlagen!« sagt er mühsam, so als habe er Mühe zu atmen.
Es ist möglich, daß ich für ihn Kalk oder etwas anderes holen sollte, und er hat mich im ganzen Haus gesucht und hat mich nicht gefunden.
Die Mutter zieht mich in die Küche, und Vater bleibt im Vorraum zurück. Ich weiß, daß er jetzt an der Hausschwelle sitzt, eine Zigarette raucht und durch die geöffnete Tür auf die

menschenleere Straße schaut. Aber hauptsächlich lauscht er, ob die Mutter mich prügelt.
Sie steht in der Küche vor mir, zittert am ganzen Körper, kämpft mit sich, um das Weinen zurückzuhalten. Ich sehe ihre Hagerkeit. Sie ist blaß und wunderschön.
»Schlag mich, Mutter«, sage ich leise. »Schlag mich. Er lauscht doch, ob du mich verprügelst. Schlag mich!« Ich halte eine Backe hin, damit sie mich schlagen kann. Sie rührt sich nicht, steht da und zittert.
»Mutti, ich bitte dich, schlag mich doch! Du brauchst keine Angst zu haben, es wird mir sicher nicht weh tun.« Sie gibt mir eine Ohrfeige. Ihre Hand hat mir nie Schmerz bereitet, auch wenn es weh getan hat.
»Wird es bald, oder soll ich kommen?« höre ich Vater ungeduldig aus dem Vorraum rufen. Er fühlt, daß die Mutter die Exekution auf die leichte Schulter nimmt. Sie ohrfeigt mich. Ich lächle sie an, damit sie sieht, daß es mir nichts ausmacht, wenn sie mich schlägt. Die Ohrfeigen beruhigen den Vater, und er läßt sich nicht mehr hören.
»Mutti«, sage ich, »Mutter!«
Sie schlägt mich, und die Tränen rollen ihre Wangen hinunter. Und dann kommt sie zu meinem Bett, im Haus ist es schon ruhig und dunkel; ich ahne ihre Gestalt. Sie beugt sich über mich, und ihr Haar liegt auf meinem Kopfkissen. Ich hebe die Hände und berühre ihr Gesicht. Sie sagt leise zu mir, so daß nur ich es hören kann: »Warum hörst du nicht auf ihn?« Aber ich nehme die Worte nicht wahr, umarme sie mit beiden Händen und küsse sie plötzlich, so daß sie sich schnell aufrichtet.
»Schlaf schon«, sagt sie. »Schlaf dich aus!« Und wieder stöhnt sie.
»Ja, Mutter«, sage ich leise. Ich sehe ihr Gesicht so lange, bis ich einschlafe.

Es war schon früh hell. Auch heute summten und flogen die Fliegen in unserer Küche hin und her; sie kamen vom Hof und aus den Ställen. Als ich aufwachte, mußte ich sie erst mal von mir fortjagen. Ich sah, wie sie an dem eingetrockneten Fliegenfänger geschickt vorbeiflogen.
Der Donner der nahenden Front war stärker zu hören. Ich erinnere mich noch ganz deutlich an diesen Morgen; die Küchentür zur Diele war halb geöffnet, ich horchte in diese Richtung, weil dort Stimmen zu hören waren. Es war die Stimme meines Vaters und die eines anderen Mannes, die ich als Vasaks Stimme erkannte. Herr Vasak sah immer ein wenig verstört aus, jetzt aber machte er ein noch verstörteres Gesicht, seine Lippen bebten, und er stotterte. Man konnte meinen, unser geliebtes Dorf sei von einer Herde Affen aus den umliegenden Wäldern überfallen worden.
»Die Russen werden die Pferde requirieren«, wiederholte er hastig. »Sie werden alle Pferde zum Militär abführen.«
Der Vater sagte, das sei eine schöne Bescherung. Er rang zwar nicht die Hände, aber es traf ihn hart. »Das hat uns noch gefehlt«, stieß er hervor. »Das hat uns noch gefehlt!«
»Dir würden sie die Julina wegnehmen, das dicke Vieh«, sagte Vasak.
»Wer sagt das, daß die Russen die Pferde requirieren werden?« fragte mein Vater. »Ist das nicht bloß Gerede?«
»Alle sagen das. Und die Deutschen haben's dem Pfarrer gesagt. Die Russen kommen auf Pferden. Überall zieht man nur Pferde! Mähren wird von den Kosaken besetzt.«
Vasaks Information erschien dem Vater glaubhaft. »Was tun die andern? Kadera, Res...?« fragte er.

»Sie schicken die Pferde in den Wald. Sie schicken sie bis zu den Felsen, bis zum Forsthaus.«
»Das hat uns noch gefehlt«, sagt Vater erneut. »Das hat uns gefehlt!«
»Die Jungen werden mit den Pferden dorthin fahren. Sie werden zusammen fahren, damit sie keine Angst bekommen.«
»Die Jungen ...?« wunderte sich der Vater. »Die Jungen mit den Pferden?«
»Wer denn sonst? Wir müssen doch in den Häusern bleiben. Es könnte brennen.«
»Was passiert, wenn sie mit den Pferden etwas anstellen?«
»Was sollten sie schon mit den Pferden anstellen?« fragte Vasak. »Was könnten sie mit den Pferden anstellen?«
»Es kann ihnen etwas passieren.« Vater zögerte immer noch.
»Niemand wird den Jungen etwas tun, keiner«, sagte Vasak.
»Dann meinetwegen«, sagte der Vater. »Dann also los.«
Die beiden gingen auf den Hof. Ich hörte ihre Stimmen nur noch undeutlich. Draußen ratterten tatsächlich schon einige Wagen. Ich richtete mich in meinem Bett auf, aber wegen der dichten, hochgewachsenen Muskatnußsträucher, die Mutter auf der Fensterbank stehen hatte, konnte ich nichts sehen. Dann waren in der Diele erneut Schritte zu hören. Ich tat sofort, als schliefe ich. Die Mutter machte die Tür auf, und ich spürte, wie sie zu meinem Bett schaute.
»Olda«, sagte sie leise.
Ich konnte meisterhaft Schlaf vortäuschen, wie tot konnte ich mich stellen.
»Olda!« Sie kam zu mir und setzte sich auf den Bettrand. Sie beugte sich über mich. Jedesmal sah ich es, hielt die Augen einen winzigen Spalt geöffnet. Bis heute weiß ich nicht, ob sie es je bemerkt hat. Wahrscheinlich hat sie es gesehen. Ihr Atem und ihre Stimme waren so nahe.

»Wach auf«, sagte sie. »Steh auf... du mußt irgendwohinfahren...« Und dann sagte sie noch leiser: »Er wartet schon auf dich...«
Manchmal nannte sie Vater nicht beim Namen. Wenn sie mit mir sprach, sagte sie nur »er«. Sie schüttelte mich, aber nicht kräftig genug. »Hörst du!«
»Soll ich ihn selbst wecken, den gnädigen Herrn?« Ich hörte, wie Vater durch die Diele kam. Er verabschiedete sich von Vasak. Er rasselte mit dem Pferdegeschirr, trampelte mit den Kommißstiefeln über die Fliesen. Dann nähte er – wahrscheinlich mit dem Schusterdraht – die Pferdeleine zusammen; ich hörte die Ahle und wie er den Draht durchzog. Mein Vater brauchte sehr selten einen Handwerker, er machte alles allein.
»Nein«, sagte die Mutter. »Er ist schon wach. Er ist schon auf.«
Sie spürte sicher, daß ich nicht schlief. Und ich fing wieder mit dem alten Spiel an: Ich öffnete die Augen ganz, nahm eine Haarflechte meiner Mutter in den Mund, umschlang ihren Nacken und verschränkte die Finger ineinander.
Sie stand schnell auf und zog mich unter dem Federbett hervor.
Ich konnte sie mit den Fingern nicht lange so festhalten. »Was machst du denn?« mahnte sie.
Auf einmal war sie wie ein kleiner weißer Stern – so weit entfernt.
»Hast du in der Nacht gehustet?« fragte sie. Sie schaute mich jeden Morgen forschend an. Ihre Sorge ging mir manchmal auf die Nerven.
»Ich fahre mit keinem Jungen irgendwohin!« sagte ich erregt. »Mit den Hornochsen fahr ich nirgendwohin!«
»Was hast du schon wieder mit den Jungen?« Die Mutter

wußte alles. »Was habt ihr schon wieder miteinander gehabt?«
»Nichts.«
»Ihr seid doch Schulkameraden!« sagte sie. »Warum prügelt ihr euch ständig?«
»Pfff!«
»Hast du auch in der Nacht nicht geschwitzt?« fragte sie wieder besorgt.
»Ich habe nicht gehustet«, antwortete ich. »Ich habe nicht geschwitzt. Ich huste auch nicht mehr. Ich habe dir doch schon gesagt, daß ich nicht mehr huste. Ich schwitze nur, wenn ich im Nachthemd schlafe.«
Ich hatte in der Turnhose geschlafen.
»Du weißt, wohin er dich schicken will?« fragte sie. Sie schaute mich dabei an.
»Ja, ich weiß es«, antwortete ich. »Ich weiß, wohin ich fahren soll.«
»Wirst du auch keine Angst haben?« fragte sie. Sie schaute mich an, als sähe sie mich zum ersten Mal in ihrem Leben, als wäre ich noch ein Knirps.
»Warum sollte ich Angst haben!« rief ich. »Aber mit den Jungen fahre ich nicht, das sage ich dir!«
»Allein könntest du dich im Wald ängstigen.«
»Ich habe keine Angst. Auch im Wald werde ich keine Angst haben.« Ich wollte meine Sandalen anziehen; sie nahm sie mir aber aus der Hand und sah natürlich die abgerissene Schnalle. Sie schaute mich schweigend an. Ich wußte, was sie in diesem Augenblick dachte, und deshalb schwieg ich.
Sie gab mir die Schuhe. »Zieh die Schnürschuhe an. Im Wald wird es noch feucht sein vom Tau.«
»Ich will diese Stiefel nicht anziehen!« widersprach ich. Es gab wenige Dinge, die ich so leidenschaftlich haßte wie die

vom Dorfschuster oder Sattler genähten Schuhe, Schuhe wie aus Eisen: sie reichten für drei Indianergenerationen.
»Zieh sie an«, sagte sie.
Absichtlich ließ ich die Schuhe ein paarmal auf den Boden bumsen, als wolle mein Fuß nicht hineinschlüpfen. Scheinbar quälte ich mich dabei und schnitt Grimassen, bis die Mutter vom Herd kam, um mir zu helfen. Aber das wollte ich nun auch wieder nicht, so daß ich schließlich die Schuhe selbst anzog. Ich stöhnte dabei. Wenn ich früher etwas nicht wollte, dann wehrte ich mich mit ganzer Seele.
»Mutti, sag ihm, daß ich allein fahren werde!«
»Du mußt ihm gehorchen«, sagte sie. »Du mußt das tun, was er dir sagt. Du kennst ihn doch!«
»Ihm werde ich davon nichts sagen«, sagte ich. »Aber diesen Hornochsen werde ich wegfahren. Denen fahre ich weg, wann ich will!« Das beruhigte mich etwas. Dann frühstückte ich mit der Mutter. Mein Vater aß immer schon sehr früh. Er stand als erster auf, fütterte das Vieh und schlief niemals länger als fünf Stunden, weder im Winter noch im Sommer. Die Mutter schmierte für mich einen Kanten Brot dick mit Butter. Ich beobachtete ihre Augen. Wenn der Vater in der Diele hin und her ging, schaute sie mich an; ich drehte dabei das Brot mit der trockenen Seite nach oben, biß ab, als wenn nichts geschehen wäre, und trank Zichorienkaffee aus dem großen Blechnapf.
Er trat in die Küchentür. In der Hand hielt er das reparierte Pferdegeschirr.
»Er weiß schon, daß er fahren muß«, sagte die Mutter zum Vater.
»Ja?« sagte er. »Wirst du dir nicht vor Angst in die Hose machen?«
Ich schwieg, stopfte mir den Mund voll mit Brot und schnitt

eine Grimasse, als wenn ich am Ersticken wäre. Absichtlich versuchte ich, dabei möglichst trottelhaft auszusehen. Doch Vater hatte den Kopf offensichtlich voll vom Krieg und von den Russen.

»Ich weiß nicht«, sagte die Mutter. »Willst du ihn wirklich in den Wald schicken? Überall wimmelt es von Soldaten.«

»Dem Jungen wird niemand etwas tun«, erwiderte er. »Wer wird schon so einer Rotznase etwas tun?« Er wiederholte, was er von Vasak gehört hatte.

Er lehnte das Pferdegeschirr an die Wand, setzte sich auf einen Stuhl, der fast unter seinem Gewicht zusammenbrach.

»Du wirst den alten Weg fahren«, sagte er und schaute mich dabei wie einen Dummkopf an. »Über die Holzbrücke. Alle werden dorthin fahren. Ihr werdet eine ganze Mannschaft sein. Heu und Hafer liegen im Wagen. Gib ihm Brot und Speckgrieben mit«, sagte er zur Mutter. »Wie wirst du fahren?« fragte er mich zur Kontrolle.

»Ich werde den alten Weg fahren, über die Holzbrücke, alle werden dorthin fahren, wir werden eine ganze Mannschaft sein, Heu und Hafer habe ich im Wagen, die Mutter gibt mir Brot mit Speckgrieben.« Ich schüttelte das aus mir heraus wie das Einmaleins. Ich tat das absichtlich sehr schnell. Ich schaute dabei Vater an, schaute ihm in die Augen. Vielleicht begriff er, wie schwierig diese Aufgabe war. Die höhnische Betonung in meiner Stimme war ihm wahrscheinlich nicht entgangen. Er ballte die Fäuste; sie lagen wie zwei Dreschflegel vor mir auf dem Tisch. Er biß die Zähne zusammen und zog den Atem ein, als drohe er zu ersticken. Ich wußte, daß er mich jetzt nicht schlagen würde. Nicht jetzt, denn er brauchte mich. Lieber stand er auf.

Ich werde den Jungen schon hinter dem ersten Haus wegfahren, sagte ich mir in Gedanken, schaute in diesem Augenblick wie ein Heiliger in Vaters Augen und blinzelte ein bißchen. Wie ich dabei aussah, konnte ich mir vorstellen. Er drehte sich um, damit er mich nicht länger anzusehen brauchte.

Unsere Julina war keine Stute, sondern ein Engel; sie war nicht wie die anderen Pferde. Ihr müßtet die warme Weichheit ihres Felles, den salzigen Geruch ihrer Mähne, den geraden Rücken und die ruhigen, großen Augen kennen, um meine Bewunderung zu begreifen. Mein Vater schätzte die Stute wegen ihrer Arbeitskraft, ich dagegen liebte Julina.
Niemals bin ich ohne eine süße Mohrrübe zu ihr gegangen. Auch an diesem Morgen nicht. Eben begannen überall die Hähne zu krähen. Julina stand schon vor dem Haus, wobei das Haus im Vergleich zu ihr fast klein wirkte. Über die Giebel floß der helle Schimmer des Ostlichts auf die Stute. Sie stand vor dem Haus, ruhig, himmelhoch und falb. Sie drehte ihren großen Kopf nach mir, ihre Nüstern zitterten, weil sie schon die Mohrrübe roch. Ich streckte die Hand aus, und sie schnappte mit ihren seidigen Lefzen nach der Mohrrübe, wobei sie die Augenlider genießerisch zumachte. »Du naschhaftes Biest«, sagte ich zärtlich.
Der Vater warf die alte Wolldecke in den Wagen. »Wenn der Förster Julina nicht in den Stall nimmt«, sagte er, »dann decke sie für die Nacht zu. Vergiß nicht, sie mit der Decke zuzudecken!«
»Ja«, sagte ich. »Ich vergesse es nicht.«
Ich sah nach den anderen Häusern, ob auch schon die Tölpel Kadera & Co. abfuhren. Vorläufig war keiner zu sehen.
»Sie bekommt morgens und abends zwei Näpfe Hafer!« Der Vater sprach mit mir wie mit einem Idioten. Ich weiß nicht, warum, immer war er der Meinung, daß ich alles verpatzte, was ich nur anfaßte.

»Hm.« Brummend gab ich zu verstehen, daß er sich die Ratschläge sparen könne. Er reagierte nicht darauf.
»Mittags gib ihr nur Heu, aber soviel Wasser, wie sie trinken will.«
»Hm.«
»Hörst du mir zu?«
»Ich höre zu.«
»Sieh ihre Hufeisen nach!« sagte er. »Prüfe, was sie für Eisen hat.«
Julina war wie ein Zirkuspferd; es genügte, ihr einen Finger auf das Bein zu legen, ein wenig oberhalb des Knies, und sie hob von allein den gewünschten Fuß. Für einen Augenblick hielt sie ihn hoch, damit man sehen konnte, in welchem Zustand das Hufeisen war. Beim Hinterbein tat sie das nur ein wenig oberhalb der Erde, eigentlich stützte sie sich mit dem vorderen Hufrand, weil sie auf drei Beinen kein Gleichgewicht halten konnte.
Der Vater ging noch einmal ins Haus, um etwas zu holen. Mit einem Sprung war ich bei den Balken, wo ich abends immer stand, wenn die Mutter mich rief. Die Balken lagen vielleicht schon hundert Jahre dort; einer von ihnen war ganz ausgefault. Eben in diesen Balken griff ich hinein, bis zum Ellenbogen. Ich hatte dort am gestrigen Abend das gefundene Zigarettenetui versteckt. Jetzt ließ ich es schnell in die Tasche gleiten.
»Was hast du dir dort geholt?« Die Mutter stand schon in der Tür. Sie brachte mir ein Eßpaket.
»Nichts.« Es gibt Geheimnisse, die man auch der geliebten Mutter nicht mitteilen will. Sie schaute mich forschend an.
»Hier hast du noch einen Eimer zum Tränken«, sagte Vater und warf den Eimer in den Wagen. »Daß sie noch nicht kommen?« er wunderte sich.

»Ich warte auf sie oben hinter dem Dorf«, sagte ich. Das paßte mir in den Kram. Ich sah Mutter an, daß sie nicht viel davon hielt. Es war ihr klar, daß ich auf niemanden warten würde. Ich sprang auf.

»Warte aber auch wirklich auf sie!« rief sie mir nach. »Fahr ihnen nicht weg!«

»Weißt du noch, wie du zu fahren hast?« fragte mein Vater, vielleicht schon zum achtenmal. Ich ahnte, daß er noch einige Male fragen würde.

»Aber ja!« antwortete ich ihm. »Hab ich vielleicht kein Gehirn?« Er überhörte großzügig meinen Ton. »Gib acht auf die Stute!« sagte er. »Damit ihr nichts passiert, sonst...«

Ich wußte sehr gut, was das ›sonst‹ bedeuten sollte.

»Gib auf *dich* acht, Olda«, rief die Mutter mir nach.

»Wenn du den Deutschen begegnest, dann sag, ›ich versteh nicht‹!« schrie noch der Vater. Aber da hielt ich schon die Pferdeleine in der Hand, schnalzte, und der Wagen setzte sich in Bewegung. Gott sei Dank! Ich war froh, daß ich wegfuhr, denn sonst hätten die Ermahnungen kein Ende genommen.

Die Eltern liefen mir ein wenig nach. Ich drehte mich um.

»Und was passiert, wenn ich den Russen begegne?« fiel mir ein. »Was soll ich den Russen sagen?« rief ich dem Vater zu. Ich wußte, daß ich ihn damit in Verlegenheit brachte, weil er nicht ein einziges Wort Russisch konnte.

»Wenn du etwas anstellst!« drohte er hinter mir her. »Denk daran, wenn etwas passiert, dann bekommst du...«

»Laß ihn«, hörte ich noch die Mutter sagen. »Ich bitte dich, laß ihn doch!« Ich stellte mich im Wagen auf, knallte mit der Peitsche. Noch einmal drehte ich mich um, um unser kalkweißes Haus zu sehen, aber heute, wenn ich daran zurückdenke, habe ich den Eindruck, daß ich dabei gar nichts empfunden habe.

Der Kalk auf dem Tor warnte mit abschreckenden Buchstaben: TYPHUS!
Erst jetzt schaute ich mir die anderen Tore an, überall: TYPHUS!
TYPHUS! TYPHUS!
Alle hatten den Typhus bekommen. Unser ganzes Dorf war krank geworden. Die Tore wurden aufgemacht, und Pferde mit Wagen kamen heraus. Auf dem nächsten Wagen duckte sich Res. Er machte ein Gesicht, als wenn er begraben werden sollte. Er richtete sich erst auf, als er mich sah. Er hatte einen Hengst und einen Wallach eingespannt. Dünn wie bei einer Ziege waren die Rücken seiner Zugpferde, sie konnten kaum laufen. Der alte Res wurde der Pferdetod genannt. Der Hengst begrüßte unsere Julina laut. Und die antwortete ihm auch noch, die Blöde.
Res hatte sich wieder gefangen. Er drohte mir mit der Peitsche und zeigte mit der Faust unter das Kinn. Ich machte ihm eine lange Nase.
Auch sein Vater ermahnte ihn noch, so daß ich Julina zuschnalzen konnte, und so gewannen wir einen ganz hübschen Vorsprung. Ich kitzelte Julina ein wenig mit der Peitsche auf dem Rücken.
Julina, obwohl sie ganz schön dick ist, läuft leicht wie ein Reh. Es ist kein Trab, sondern ein Ballett. Ihr Rücken wallt, ihre Hüften bewegen sich. Sie spannt den Hals und hält die Nüstern hoch in der Luft, als wolle sie fliegen. Wir fahren zwischen den Scheunen, es ist eine wunderbare Fahrt. Jetzt kommt auch schon Cumat; es ist gut, daß ich sein Tor bereits passiert habe.
»Cumat, gaff nicht so!« rufe ich. Er kann mich nicht erreichen, er muß langsam fahren, weil er hinter dem Wagen noch die Kühe festgebunden hat.

»Cumat, nimm doch noch die Ziege mit!« schreie ich. »Nimm noch die Ziege mit in den Wald!« Auch sein Vater droht mir. Er sagt noch etwas zu seinem Sohn, höchstwahrscheinlich, daß er mich verprügeln soll, falls er mich zu fassen kriegt. Alle Mitglieder der Cumat-Familie nehmen es mit Vorliebe mit den Schwächeren auf. Ich fliehe mit der Julina wie vor Indianern. Ich habe Angst, daß ein Rad abgeht, und beuge mich über die Seitenwand, aber alles ist in bester Ordnung. »Du brauchst keine Angst zu haben«, sage ich zu Julina. Ich spreche sehr oft mit Julina, und sie versteht mich. »Ich werd mich doch nicht mit den Trotteln jagen!«
Es scheint mir, daß jetzt nicht nur die Kanonen, sondern auch Gewehre und Maschinenpistolen zu hören sind. Und oben brummt noch ein Flugzeug. Es ist eine dreimotorige Junkers. Die Flügel sind schwarz, und der Rumpf ist bauchig. Ich habe keine Zeit, das Flugzeug zu beobachten; der Weg aus dem Dorf führt in Windungen nach oben, und wir fahren im Trab auch den Hügel hinauf. Julina hält viel aus. Es scheint, als geriete sie überhaupt nicht außer Atem. Auf dem Weg liegen dicke, gelbe Steine. Der Wagen stolpert darüber hinweg. Ich stehe immer noch im Wagen, drehe mich nach hinten. Die anderen haben wir abgehängt. In dieser frühen Stunde ist alles mit einem matten Weiß überzogen, der Bach dampft. Die Räder zerschneiden ihn, und das Wasser spritzt an beiden Wagenseiten hoch. Auf der linken Seite sind jetzt die Stationen des Kreuzweges und auf der rechten Seite das Weideland und eine ganze Reihe von Schobern zu sehen. Ich blicke hinüber, weil auch unser Schober dabei ist. Plötzlich fällt mir etwas ein. Ich ziehe an der Leine, sage hott und lenke den Wagen schnell zu den Schobern. Von den Jungen ist keiner zu sehen und zu hören. Ich fahre durch den dichtbelaubten Garten, fahre hinter den breitesten und höchsten Schober.

»Prrr!« bringe ich die Stute zum Stehen.
Mit einem Sprung bin ich aus dem Wagen. Ich bremse, weil der Wagen am Abhang steht, und Julina hält ihn auch noch fest. Wir sind hinter dem Schober wunderbar versteckt. Erst jetzt höre ich die Karawane; es rasselt, als führen sie mit uralten Wagen, und sie schreien wie die Türken. Wenn hinter den Bergen tatsächlich schon die Russen sind, dann werden sie genug davon hören. Ich gehe nach vorne zu Julina, ziehe ihre Nase am Mundstück des Zaumes heran; sie muß ihren Kopf senken, und ich halte ihre Nüstern mit den Handflächen zu.
»Daß du dem Aas nicht antwortest!«
Res fährt schon vorbei. Sein Hengst wittert uns und wiehert, klirrt mit dem Zaum und tobt, als wenn er noch nie in seinem Leben eine Stute gesehen hätte. Ich hab zu tun, um Julina festzuhalten. Sie möchte ihm gerne antworten, nur gut, daß ich noch eine Mohrrübe bei mir habe.
Hinter Res fährt Cumat mit den angebundenen Kühen. Die Kühe müssen traben. Wenn das der alte Cumat sehen könnte, würde ihn der Schlag treffen. Durch den Trab verlieren die Kühe ihre Milch.
Erst dann fährt Vasak vorbei und hinter ihm Josef. Alle haben zwei Pferde, nur Kadera hat drei. Das dritte Pferd ist hinten am Wagen angebunden.
Ich füttere Julina mit der Mohrrübe so lange, bis alle vorbeigefahren sind. Dann gehe ich zum Wagen. Mal sehen, was mir die Mutter zu essen mitgegeben hat! Brot, Buchteln und Fleisch. Ich schaue es mir nur so aus Neugierde an. Die Milchkanne ist kühl; sie steht auch immer im Keller. Das Tuch mit dem Brot mache ich gleich wieder zu. Ich hab keinen Hunger. Die Kanne nehme ich in die Hände, nehme den Blechdeckel ab und trinke einen Schluck Milch. Ich setze mich ins Stroh und beobachte das Flugzeug. Ich beobachte auch die Jungen,

sehe sie immer noch, aber sie werden rasch kleiner und kleiner, so, als wäre dort in der Ferne ein Sumpf, der sie mit Pferd und Wagen aufsaugt: zuerst bis zu den Wagenrädern und bis zu den Knien, dann bis zur Hüfte und bis zum Rücken der Pferde und schließlich bis zu den Schultern und den Pferdeköpfen. Dann sehe ich sie nicht mehr und stehe auf. Auch als ich auf den Wagen klettere, sehe ich sie nicht mehr. Mir fällt ein, was ich nun unternehmen könnte. Eigentlich habe ich schon daran gedacht, als ich von zu Hause wegfuhr. Ich binde Julina kurz an, mache ihr einen Seitenriemen frei, damit sie mit dem Wagen nicht hin und her zerrt, und sage ihr drohend: »Nicht daß du hier tobst!«

Sie bewegt ihre Augenlider. Manchmal blickt sie wie ein Mensch und nicht wie ein Tier. Ich laufe zurück zu den Häusern des Dorfes. In der Hand halte ich die Milchkanne. Ich laufe den kürzesten Weg. Plötzlich bleibe ich stehen. Von hier aus kann ich den Feldweg vor dem Gut, das gestern der Deutsche Singer verlassen hat, überblicken. Beinahe alle Dorfbewohner stehen auf diesem Weg. Die Kanonen und die Maschinenpistolen sind noch stärker zu hören. Aber zwischen den Baumreihen an der Kapelle ist großer Andrang. Ein Teil der Menschen läuft in Richtung Dorf, ein Teil zum Gut. Ich stehe hier trotz aller Eile mit offenem Mund, bis ich begreife, daß hier alle mitnehmen, was mitzunehmen geht. Der Maurermeister Petrzela fehlt bei dieser Gelegenheit natürlich auch nicht. Mit einem Handwagen fährt er kleine Balken weg; er kann alles gebrauchen. Bertina schiebt hinten. Sie ist stark, sie könnte die Ladung und den Vater dazu wegziehen. Alles rollt und bewegt sich im gehörigen Tempo. Der Eisenbahner Slejha, der dünn ist wie eine Haselrute, fährt in seiner Schubkarre gleich drei Säcke Getreide auf einmal weg. Wo nimmt so ein Mensch plötzlich diese Kraft her? Normalerweise hätte

er nicht eine vollbeladene Schubkarre von der Stelle gebracht. Damals waren es, wie ich später erfuhr, sogar sechs volle Fuhren. Und Andula schleppt ein Pferdegeschirr und mehrere leere Körbe, und seine Frau einen Lehnstuhl.
Der Lehrer und seine ganze Familie transportieren ein Klavier. Auch die ganz Frommen machten mit. Wie immer waren sie besonders fleißig. Die Prozession der Stühle, Matratzen, der Tische, Kisten und Säcke wälzte den Staub des Weges hoch, der die Gesichter meiner Mitbürger mit einer zartgrauen Wolke umhüllte. Als wären alle von irgendeinem unbekannten Zwang erfaßt worden: Plötzlich vergaßen sie die Grundsätze ihres Lebens. An diesem Morgen nahm etwas Fanatisches, Gespenstisches von ihnen Besitz. Ich werde sie für immer so sehen.
Ich trank aus der Milchkanne noch etwas Milch. Die Gestalten bewegten sich ständig, krampfhaft eilig; aber als ich länger hinschaute, sah der Strom der Diebe komisch aus.

Hinter den blauen Hügeln im Süden donnern die Kanonen. Es hört sich an wie Fässergepolter. Der Himmel ist klar und tief. Das Flugzeug fliegt sehr hoch. Die Maschinenpistolen und Gewehre sind noch deutlicher zu hören. Auf dem Weg nehme ich keine Gesichter, sondern nur Beine wahr. Es sind die Beine unseres geliebten Dorfes, die Beine der lieben Mitbürger.
Ich laufe zu Vitlichs Häuschen. Isas Bellen höre ich schon von weitem. Sie springt auf den Zaun. Ich pfeife das Hundesignal, und sie hört auf zu toben. Die Fenster und die Tür des Hauses sind wieder verschlossen. Ich öffne das Pförtchen. »Zyrill!« rufe ich in die Stille. Den Baum, an dessen Ästen sich seine Frau erhängte, schaue ich nicht an. Mir schnürt sich die Kehle zu.

»Zyrill!«
Ich sehe zum Häuschen, während ich rückwärts zum Dachvorsprung, zu den kleinen Hunden gehe. Ich ziehe den Korken der Milchkanne mit den Zähnen heraus und gieße ihnen ein wenig Milch in die Schale. Sie schnüffeln, kriechen übereinander; Isa knurrt sie an und springt mir bis zu den Schultern empor.
»Laß das, du Ziege«, sage ich. »Hast du nichts gefressen?«
»Sie hat gefressen«, sagt plötzlich Vitlich. Er steht hinter meinem Rücken am Zaun. Er muß gerade gekommen sein. Vitlich taucht immer wie aus dem Boden gestampft auf. Ich kann nicht begreifen, daß ich ihn nicht gehört habe.
»Daß dir keiner mit der Stute wegfährt«, sagt er. Er weiß also, daß die Stute mit dem Wagen hinterm Schober steht. Vitlich weiß alles. »Du weißt doch, was dein Vater mit dir machen wird, wenn dir jemand mit der Stute wegfährt?« Er schneuzt sich. »Der Schlag würde ihn treffen!«
Ich sah Vitlich zu. Er beugte sich zu den kleinen Hunden hinunter, kraulte mit der Handfläche unter ihren Bäuchen, drehte sie auf den Rücken und spielte mit ihnen, war aber mit seinen Gedanken ganz woanders, das merkte ich.
»Es fliegt nicht mehr«, sagte er und wandte die Augen dem Himmel zu. »Die Brücke ist nicht mehr so wichtig. Es ist weiter zum Wasser geflogen.«
Mir war es gar nicht aufgefallen, daß ich das Flugzeug tatsächlich nicht mehr hörte. Der Himmel war klar, makellos und blendend hell. Nur die Stimmen der Vögel waren zu hören. Als wenn dies das Paradies auf Erden wäre und überall Friede. Wie Vitlich hier so stand, ein wenig breitbeinig – er hatte einen kurzen, dreiviertellangen Mantel mit abgerissenen Knöpfen an –, erblickte ich unter seinem Mantel den

kurzen Lauf einer umgehängten Maschinenpistole. Es war das Modell, das die Deutschen benutzten. Er sah, daß ich seine Waffe anschaute.
»Zyrill, warst du in den Weiden?« fragte ich ihn. »Beim Motorrad?« Seine linke Wange zuckte. Auch seine Augenlider zitterten. Die Ränder unter den Augen waren wohl deshalb so tief, weil er die ganze Nacht nicht geschlafen hatte. Wieder schneuzte er sich; mit der Hand wischte er unter der Nase hin und her. »Was habe ich dir gesagt? Du sollst dich beeilen, nicht wahr?« Er schneuzte in den Rasen. Es klang wie eine Sirene. Und wieder blinzelte er, als sei ihm eine Fliege ins Auge geflogen.
»Hörst du etwas...?« Er legte seinen Kopf zur Seite, als könne er nur auf einem Ohr gut hören. Wenn ich angestrengt horchte, machte ich immer unwillkürlich den Mund auf.
»Nein«, sagte ich. »Was ist?«
Er räusperte sich und hustete und spuckte auf den Rasen. »Glaubst du, daß die kleinen Hunde ohne dich eingehen? Wenn dein Vater sehen würde, wie du die Stute bewachst, würde er dir eine gehörige Tracht Prügel verabreichen. Und was für eine!« Er blieb stehen. »Warte«, sagte er. »Hörst du jetzt etwas?«
»Nein.«
»Überhaupt nichts?«
»Nichts.«
»Sie haben aufgehört zu schießen«, sagte er. »Hörst du von der Landstraße her Motorengeräusche?«
»Ich höre nichts.«
»Hau ab«, sagte er. »Sie sind schon weg, Olin. Die Deutschen sind schon weg!«
Sein Mund blieb offen; Vitlich stand in Lauerstellung, als ob er das, was er sprach, mit dem Gehör überprüfe.

»Die sind wir los, und dann kommen die Russen. Sie werden sehr bald hier sein.«
»Zyrill«, sagte ich. Erst jetzt fing ich davon an, weshalb ich eigentlich hierher gekommen war. »Kannst du mir die Isa ausborgen? Für den Wald, ja?«
Erneut wurde ihm bewußt, daß ich hier vor ihm stand. Jetzt lachte er auf; er wechselte seine Miene schnell und krampfhaft. »Hast du Angst?«
»Nein.«
»Ein wenig, nicht wahr?«
Vitlich gestand ich erstaunlicherweise alles aufrichtiger als meinen Eltern. »Hm.«
»Isa!« rief er. »Lauf mit Olin!«
»Ich danke dir, Zyrill«, sagte ich. »Ich danke dir.«
Ich lief durch das Pförtchen hinaus und schloß es wieder hinter mir. Ich lief am Zaun entlang. Auf einmal hatte ich tatsächlich Angst, daß Julina etwas zugestoßen sei. Die Stille in der Landschaft beruhigte mich nicht.
»Olda!« rief er noch hinter mir. »Olin!«
Ich blieb stehen und drehte mich um. Für einen Augenblick schauten wir uns an. »Gib auf dich acht, Olin«, sagte er. »Damit dir nichts passiert.«
Ich erinnere mich, daß er das ungewöhnlich zärtlich gesagt hat.

Die Morgendämmerung färbte alles blau und weiß. Die Luft an diesem Tag war schon seit dem Tagesanbruch warm, nur der Wagenbeschlag, den ich ab und zu bei der Lockerung der Bremse und den schaukelnden Bewegungen der Räder berührt hatte, war noch kalt und mit nächtlichem klebrigen Tau bedeckt. Das Gras, die Baumrinde und die Erde dufteten würzig. Ich bin an diesem heiligen, stillen Morgen allein gefahren. Die Tölpel waren schon wer weiß wo im Wolkenkuckucksheim, ich habe niemanden von ihnen gesehen. Auch wenn ich mich oben auf den Wagen stellte, auf das querliegende Brett, das Vater anstelle des Kutschbocks benutzte, sah ich keinen ihrer Wagen. Auch nicht Cumat mit den Kühen. Julina ging in würdigem Schritt, der Krieg beunruhigte sie nicht im geringsten. Ich kitzelte sie mit der Pferdeleine auf dem Rücken; ein Riemen verfing sich in einem Häkchen des Rückengeschirrs. Ich kletterte ruhig während der Fahrt auf die Deichsel, hielt mich an dem schaukelnden Pferd fest, machte die Pferdeleine frei und setzte mich wieder auf das Brett. Ich brauchte überhaupt nichts zu sagen und zu tun. Auf Feldwegen ging Julina so lange in ihrem wiegenden Trott, bis man sagte, sie solle stehenbleiben; hinter ihrem breiten Hinterteil konnte man sogar ruhig schlafen. Aber ich wollte nicht schlafen. Ich drehte meine Augen zum Himmel, das Flugzeug war wirklich weg. Vitlichs Hündin lief rund um den Wagen, zeitweilig schnüffelte sie mit ihrer Nase an den Kaninchenlöchern. Ich wollte mich in dieser Einsamkeit mit jemandem unterhalten.

»Isa, spring auf!« Sie zögerte einen Augenblick, ängstlich, auch als ich sie mit Schnalzen ermunterte. Dann stieß sie sich plötzlich ab und landete mit allen vieren im Leiterwagen; sie bellte auf, schüttelte sich, trat nur vorsichtig in dem fahrenden Wagen auf und schnüffelte mißtrauisch an den Brettern, als hätte sie Angst, daß die dicken Bohlen unter ihr durchbrächen. Sie kam zu mir und stieß mich an die Hüfte. Ich kraulte Isa hinterm Kopf. Ich nahm eine Speckgriebe heraus und steckte sie ihr ins Maul. Isa würde sicher einen ganzen Sack Speckgrieben auffressen. Ich gab ihr ein paar, und sie nahm sie zart von meiner Handfläche. »Fang eine Maus!« schlug ich ihr vor. Ich zeigte dabei auf das Feld, wo viele Mäuse herumliefen. Es war ein Kleefeld. Sie verstand meine Bewegung als einen Befehl, auf die Erde zurückzukehren, und sprang vom Wagen. Aber sie lief ratlos am Feldrand entlang. Wenn Isa in ihrem Leben eine einzige Maus gefangen hat, dann war das viel. Aber da näherten wir uns schon der Anhöhe, und der Kirchturm auf dem Hügel strahlte vor uns wie ein Leuchtturm.

Isa sprang für weitere Speckgrieben auf den Wagen und wieder herunter, es erinnerte an die Dressur eines Zirkustieres. Zyrill Vitlich brachte Isa viele Stückchen bei. Ich hielt die Pferdeleine ein wenig fester und zog sie leicht an. Schon blieb Julina stehen. Von dieser Stelle aus war unser Turm am schönsten. Er war uralt, herrlich verwittert, und die Steine waren an den Rändern wie abgefressen. Ich hätte alle Steinquader vom Fuß des Turmes bis zum Kuppelsims zählen mögen. Das Gebäude sah aus, als wäre es gleichzeitig mit der Landschaft entstanden. Ich weiß nicht, warum ich während meiner ganzen Kindheit so gerne diesen Turm angeschaut habe. Die Größe beeindruckte mich.

Als ich unter dem Turm stehe, vergesse ich sofort den Krieg und pfeife den Wänden entgegen. Ich pfeife einige Male kurz und scharf, der Ton prallt an die Wand, gleitet über das Dach, die Kuppel und die kleinen Dächer und zerschellt in ein mehrfaches Echo. Aus den Fenstern fliegen aufgeschreckte Tauben in die Luft. Der Himmel ist voll von ihnen. Sie starten oben auf dem Blechsims, ich erkenne die senkrechte Stellung ihrer Flügel; der Himmel hat sich in einen taubengrauen Perlmutterhimmel verwandelt. Die Tauben fliegen in sanften Kurven um den Turm herum. Sie fliegen zusammen und gleich darauf wieder auseinander. Es sind die wilden Tauben, die im April am ausgelassensten sind. Ich sitze auf dem Wagen, sehe ihre kleinen Körper, die zwischen den Flügeln hängen – handgroß. Plötzlich gehen sie auf ein braunes Ackerfeld nieder. Das Tor der Kirche ist sperrangelweit offen.

»Du bleibst hier stehen«, sage ich zu Julina und springe vom Kutschbock herunter. »Isa, komm mit!« Rings um das Kirchentor liegt viel Stroh herum. Gestern war das Stroh noch nicht hier; ich weiß nicht, wer es hergebracht hat. Es ist sehr viel, ganze Bündel liegen da; ich habe ein wenig Angst. Aber die Neugierde treibt mich voran. Ich horche aufmerksam, aber es herrscht vollkommene Stille. Auch in der Kirche liegt viel Stroh, ich kann schon hineinsehen. Ich nähere mich vorsichtig der Schwelle. »Isa, geh! Geh zuerst!« Sie macht selbstverständlich keinen Schritt weiter, sie bleibt bei mir stehen und reibt sich an meinen Beinen. Ich gehe Schritt für Schritt weiter. Die Kirche ist leer, kühl, still; die Strohhalme rascheln unter meinen Schuhsohlen, das Stroh liegt auf beiden Seiten, einige Bänke sind umgestürzt; es sieht aus, als hätten hier in der Nacht die Soldaten geschlafen. Ich hebe eine Gasmaskenbüchse auf. Ich habe vergessen, mich zu bekreuzigen. Aber hier sieht es jetzt nicht wie in einer Kirche aus, sondern wie in einer Scheune.

Jetzt wate ich durch die niedergedrückten Strohbündel. Ich hebe eine andere Büchse auf, in der noch die Gasmaske ist.

Eine Gasmaske habe ich noch nie in der Hand gehabt. Sie hat einen gegliederten Rüssel, und natürlich will ich sie mir überziehen. Es dauert einen Augenblick, bis ich darauf komme, wie man sie aufsetzt. Ich muß den Kopf durch die Gummiriemen stecken, die mir das Genick umklammern. Nun sitzt sie auf meinem Gesicht. Ich schaue durch die gelben Gläser. Aber sie beschlagen gleich, und ich sehe nichts mehr. Ich muß die Gasmaske wieder herunterreißen, weil ich nicht atmen kann. Aber ich werfe sie nicht weg, sondern lege sie zur Seite; ich möchte sie nämlich mit in den Wald nehmen. Ein Fenster schlägt wegen des Durchzugs, ich fahre herum, und Isa fängt an zu bellen, was mich am meisten erschreckt. Es schallt furchtbar in der Kirche. »Ruhe!« schreie ich sie an. »Bell nicht! Laß das!« Oben sehe ich das offene Fenster, das den Krach macht; farbiges Glas und darauf irgendeine Szene aus dem Katechismus. Vor allem ist folgende Aufschrift deutlich lesbar: FÜR DAS HAUS DES HERRN GESPENDET VON DER FAMILIE KADERA. Das danebenliegende Fenster wurde von MARIA UND JOHANN CUMAT gespendet.

Wir haben kein Fenster gespendet. Der Sonntagsgesang klingt mir immer noch in den Ohren, vor allem die Stimme meiner Mutter, die hauptsächlich deshalb in die Kirche ging, um singen zu können. Die Gesichter der Heiligen auf Bildern und Statuen sind gleichgültig, wenn ich jetzt so an ihnen vorbeigehe. Auf dem Bild mit der Kreuzigung stelle ich mir immer statt der Schurken auf der linken und rechten Seite Kadera und Cumat vor. Plötzlich von draußen ein furchtbarer Krach, alles wackelt, Fenster klirren, die ganze Kirche bewegt sich, als wenn sie von einer Riesenhand berührt würde. Ich sehe die geöffnete Tür zum Turm, aber erst laufe ich hinaus, vor die Kirche, schaue mich ringsum; Julina steht ruhig da, ich sehe nichts als Bäume, die Friedhofsmauer und Felder. Ich werfe einen Blick nach oben zu den Turmfenstern, wo die Tauben wieder wie verrückt herumfliegen, kehre zurück und laufe hinter die Eisentür, die zu der Holztreppe im Turm führt. Isa läuft hinter mir und bellt, ich lasse sie jetzt bellen, weil ihr Gebell mich ein wenig beruhigt.

Ich bleibe stehen und lausche. Wenn jemand oben wäre, müßte er das Gebell hören.

»Hallo!« rufe ich. Meine Stimme klingt in dem Steinturm kalt und blechern. Ich steige höher. Ich sehe schon, daß niemand da ist. Hier oben sind Bretterfußboden und Fenster. Das Ende des Glockenseils schwebt in der Luft. Die Glocke hängt viel höher. Aber dorthin führen keine Treppen mehr, sondern nur Balken. Unter dem Fenster stolpere ich über zwei geöffnete Blechdosen, die voll von Patronen sind. Ich habe Angst, die Dosen anzufassen. Ich schaue mich genauer um, die Bretter sind mit Asche und Zigarettenstummeln bedeckt. In der Ecke liegen leere Konservendosen und deutsche Zeitungen. Ich lehne mich aus dem Fenster hinaus und sehe unter mir Julina, den Wagen, die Landschaft und in der Ferne das Dorf; auf meinem Gesicht spüre ich die milde Luft.

»Julina!« rufe ich, damit ich selbst meine Stimme höre. Ich pfeife der Stute zu. Sie bewegt den Kopf. Wenn ich mich umdrehe, sehe ich auch die Landstraße, die blauen Hügel und den grünen Fluß.

Ich sehe auch die Reihe der regelmäßig gewachsenen Pappeln. Sie sehen aus wie ein großer, lebendiger Kamm. Über der Brücke steht eine Rauchwolke, das heißt, dort, wo vorher die Brücke war. Der Fahrweg, der über die Brücke führte, liegt jetzt – wie von einer Riesenhand zerknittert – im Fluß. Es ist niemand dort zu sehen, die Landstraße ist vollkommen leer. Auch der Feldweg zum Gut ist öde, denn die Prozession der Diebe ist nach Hause zurückgekehrt. Es scheint, daß ich

hier ganz allein bin. Als wenn die Brücke von selbst in die Luft geflogen wäre! Ich habe mir immer vorgestellt, daß zu einem Krieg viele Menschen gehören, aber ich kann mit meinen Augen nicht einen einzigen Menschen finden.
»Isa, komm«, sage ich zu der Hündin. Es wird langweilig, weil nichts geschieht. Dann fällt mir ein, was ich noch tun könnte; es ist nicht der schlechteste Gedanke und einer von denen, die ich niemals aufschiebe. Ich nehme ein Stück Kreide aus der Tasche, das ich ständig bei mir trage, und schreibe in Druckbuchstaben auf den Blechsims: KADERA + CUMAT + RES + VASAK = OCHSEN UND ELEFANTEN!!
Ich schreibe mit Hingabe; das sind nämlich Schreibarbeiten, die ich gerne tue. Die Kreide stecke ich wieder ein. Ich gehe die Turmtreppen hinab, schneller und schneller, überspringe zuerst eine, dann zwei Stufen. Isa läuft hinter mir her und bellt. Ich renne durch die Eisentür hinaus und nehme die Gasmaske mit. Ich gehe zum Wagen, tätschele Julina die Nase und springe auf den Kutschbock. »Lauf!« sage ich zu der Stute. Wir fahren wieder weiter, damit ich die Aufgabe erfülle, die mir mein Vater aufgetragen hat.
Der braune Weg windet sich zwischen den Bäumen und den Sträuchern durch – ein rissiger Hohlweg. Der Wagen macht keinen Krach.
Aber in diesem Augenblick höre ich ein Pferd wiehern. Julina war das nicht. Mit einemmal hat sich die ganze Situation verändert. Woher kann ich bloß Res Pferd hören? Die knarrende Stimme seines Hengstes würde ich im Schlaf erkennen. Auf einmal habe ich das Gefühl, daß rings um mich lauter Räuber im Gebüsch sitzen. Es ist keine angenehme Vorahnung. Mein Hals ist wie zugeschnürt, und ich bringe keinen Laut hervor. Ich bringe Julina zum Stehen und beobachte den Hohlweg, die anliegenden Bäume und das Gebüsch. Ich habe mich auf

das Brett gestellt, damit ich einen besseren Überblick habe. Ich sehe keine Bewegung, aber der Hengst meldet sich noch einmal. Julina wittert, hat den Kopf hochgehoben, bläht die Nüstern und antwortet ihm. Ich sehe schärfer hin und erkenne auf einmal Res. Er blockiert den Weg mit seinem Wagen in der Biegung, damit ich nicht durchfahren kann. Ich versuche, die Situation zu erfassen. Res wird das niemals allein wagen!

»Kleiner!« schreit er. »Jetzt haben wir dich!«

Das »wir« besagt, daß die anderen irgendwo hier versteckt sind. Res hat auf dem Kopf die gleiche Gasmaske, wie ich sie habe. Er hat sie auf dem Kopf und die Spannriemen unter dem Kinn. »Wir haben dich schon, Kleiner!« schreit er.

»Wer? Du? Da mußt du schon früher aufstehen!« schreie ich zurück. Ich täusche ihn, indem ich lauthals brülle, lasse Julina an Ort und Stelle drehen; der Mistwagen ist aber keine Pritsche. Es ist ein Wunder, daß ich die Deichsel nicht breche. Sie kracht zwar, als würde sie brechen, aber schließlich gelingt mir die Wende. Ich höre schon, wie sie hinter mir herfahren und wie sie die Pferde antreiben. Ich lege Julina die Peitsche auf den Rücken; es genügt, ihr die Peitsche aufzulegen, damit sie sie fühlt. Ich brauche Julina nichts mehr zu sagen.

Sie läuft sehr schnell, und wir fahren wieder zurück. Ich will aus dem engen Wald in die freie Landschaft. Aber jetzt kommt Vasak vom Seitenweg, um mir den Rückzug abzuschneiden. Vasak hat auch eine Gasmaske auf dem Kopf. Sein Aussehen ist kaum verändert, weil er auch ohne Gasmaske nicht viel besser aussieht. Er schiebt sie nach oben, auf die Stirn. »Kleiner, ergib dich!«

Er fährt mir mitten auf dem Weg entgegen und glaubt, daß ich stehenbleibe. Ich nähere mich ihm, ohne daß ich die

Fahrt verlangsame; zwischen uns liegen höchstens hundert Meter.
»Vasak!« schreie ich, so laut ich kann. »Jetzt bist du ein Kind des Todes!«
Ein mit hoher Geschwindigkeit fahrender Mistwagen ist wie ein Panzer; ich sause unaufhaltsam weiter. Ich schaue mich um und sehe, daß Res mir immer näher und näher kommt.
»Vasak, mach den Weg frei!« schreie ich. »Es wird höchste Zeit! Oder du bist tot!« Ich sehe nur sein Gesicht. Er weiß genau, daß ich nicht stehenbleibe, ich kann es auch nicht mehr; er reißt das Pferd zur Seite, bis an den Abhang. Ich fliege an ihm vorbei, er wirft etwas nach mir, es fällt in den Wagen, ich ducke mich und sehe noch, wie ihm die Säcke mit Hafer- und Heubündeln aus dem Wagen herausfallen. Das Handpferd reißt vor Schreck die Deichselkette ab und bäumt sich auf.
»Prrr!« schreit er schrill. Aber der Wagen rollt unaufhaltsam zurück, und er hat noch Glück, daß Res ihn nicht anfährt.
Isa tobt schrecklich und bellt, als wenn sie geschlachtet werden soll. Res muß wegen Vasak anhalten, aber ich bin noch nicht aus der Gefahr heraus. Aus dem Seitenweg kommen noch Josef und Kadera. Cumat macht die Kühe an den Birken fest, damit auch er hinter mir herfahren kann. Ich sehe sie schon alle, sie wollen mich in die Zange nehmen.
»Kleiner! Bleib stehen! Du Saukerl!« schreit Kadera. »Wenn wir dich fangen, wird es nur schlimmer für dich!«
»Wann wird das sein?« antworte ich ihm genauso laut. Meine Stimme ist ein wenig heiser. »Weiter!« muntere ich die Stute auf und schnalze ihr zu. »Julina!«
Es genügt ein Wort, und Julina geht in Galopp über; sie stellt neue Rekorde auf, ich habe Angst, daß sie sich vom Wagen losreißt.

Sie kann schon etwas aushalten; sie ist sechs Jahre alt. Sie ist ein ideales Pferd für den Krieg. Ich glaube, daß sie sich nicht gerne langweilt, daß sie an so etwas Freude hat.
Ich fahre aus dem Wald auf das freie Feld. Hier können sie mich vielleicht fangen, denn sie haben zwei Pferde vor ihre Wagen gespannt. Da lenke ich auf das riesige Feld mit der niedrigen Herbstsaat, und ich merke, daß es das Roggenfeld ist.
»Du Ochse!« schreit Kadera. »Über unser Roggenfeld, Kleiner!« Sie halten an.
»Du Dummkopf, bleib stehen!« schreit auch Josef. »Siehst du nicht, daß das Feld bestellt ist?«
»Ich sehe es! Ich hab doch Augen. Laßt mich lieber in Ruh!«
»Dreh um!«
»Ja. Sofort. Nächstes Jahr!«
Ich bekomme einen größeren Vorsprung; sie zögern, mir nachzufahren. Es war der einzige Ausweg, über das Getreidefeld zu fahren. Es gibt eben Situationen, wo der Mensch keine andere Wahl hat. Julina geht mir fast durch. Sie läuft mit ganzer Leidenschaft, wirft ihren Kopf herum und zerrt an der Deichsel. Ich halte mich an dem Brett fest, damit ich nicht vom Wagen falle.
Cumat ist auch schon am Roggenfeld, und Res kommt nach. Wenn ich sie alle beisammen sehe, fürchte ich das Schlimmste. Ich balanciere ein wenig hin und her und bekomme dadurch wieder Gleichgewicht, halte mit der linken Hand die Pferdeleine, mache mit der rechten den Knopf auf und lasse die Hose und die Turnhose herunter. Ich beuge mich vor und strecke ihnen meinen nackten Hintern entgegen. Damit sie genau sehen, was ich von ihnen halte. Ich ziehe die Hose wieder hoch. Es ist die größte Schmach, die ich ihnen antun konnte. Sie fahren mit ihrem Wagen ins Roggenfeld. Auf ein-

mal interessiert sie das Getreide nicht mehr. Sie hetzen ihre Pferde. Ich drehe eine Kurve, sie hinterher, und auf dem Getreidefeld bleiben die Wagenspuren zurück. Ich biege ab. Die Jungen wollen mir zuvorkommen. Sie haben sich in zwei Gruppen geteilt: Josef und Kadera von links, Res und Cumat von rechts.

»Kleiner, die Hose brauchst du nicht mehr zuzuknöpfen!« schreien sie.

Ich falle fast auf den Rücken, als der Wagen in eine tiefe Spur gerät.

Der Himmel wird unerwartet durch das Brüllen von Flugzeugmotoren zerrissen. Hinter dem Wald tauchen zehn Flugzeuge auf oder noch mehr. Sie fliegen nur wenige Meter über der Erde, über uns. Ihre ausgefransten Schatten schießen über uns weg.

»Prrr!« schreien die Jungen den Pferden zu.

Auch ich schreie: »Prrr!«

Jetzt geht Julina tatsächlich durch. Sie hat Angst. Die Flugzeuge berühren mit ihren Bäuchen fast die Bäume, und die Motoren brüllen auf vollen Touren. Hinter ihnen folgt gleich die zweite Welle. Ich springe vom Wagen und halte Julina am Zaumzeug fest. Sie zittert.

»Du brauchst keine Angst zu haben«, beruhige ich die Stute. »Du brauchst keine Angst zu haben!«

Res hat alle Hände voll zu tun, damit seine Pferde nicht ganz wild werden. Ein Pferd bäumt sich auf.

Und es kommen weitere Flugzeuge. Alle fliegen in einer Richtung, von den Bergen irgendwohin nach Iglau. Unsere Jagd ist unterbrochen. Alle richten ihre Augen zum Himmel. »Die Russen!« schreit Josef. »Das sind die Russen!«

»Sind das wirklich die Russen?« frage ich. Es macht ihm nichts aus, daß ich es frage, auf einmal ist es ihm egal.

»Hast du die Sterne nicht gesehen?« antwortet er mir.
»Ich habe die Maschinengewehre gesehen!« schwatzt Cumat.
»Vier Maschinengewehre!«
»Du hast nichts gesehen!« behauptet Kadera. »Es waren Bomber!«
»Meine Herren!« Cumat tut, als fiele er aus dem Wagen. Er kann nur das eine: faßt sich an den Kopf und tut, als würde er ohnmächtig. »Wo sollen sie die Bomben haben?«
»Weißt du wo... soll ich es dir sagen?« fragt Josef den Cumat.
»Sie fliegen in Richtung Brünn«, meldet Cumat. »Es sind Jagdflugzeuge!«
»Wirklich?« rufe ich aus. »Cumat, dort ist Brünn? Seit wann denn? Seit gestern?«
Jetzt erst denken sie wieder an mich. »Du bist noch hier?« sagt Cumat. Die Gasmaske hängt ihm am Hals und der Schlauch bis an die Knie.
»Jungs, laßt mich doch...!« sage ich. Jetzt möchte ich mit ihnen fahren. Wenn es diese großen Ereignisse gibt, erscheinen mir unsere Streitigkeiten nur noch als sehr klein. »Josef, ich geb dir ein Zigarettenetui, willst du?« frage ich. Ich möchte Josef bestechen. Ich nehme das Zigarettenetui aus der Tasche heraus und zeige es ihm aus der Entfernung. Er kann nicht viel davon sehen.
»Auch ein Bild ist drin«, rufe ich. »Ein schönes Bild ist drin.«
»Laß dich selbst fotografieren, Kleiner! Damit du siehst, wie du vor den Prügeln ausgesehen hast!« droht mir Res kriegerisch.
»Ich weiß auch noch von einem Motorrad«, ich erhöhe mein Lösegeld.

»Ja? Und die Leiter? Und die Leiter gestern? Von der Leiter weißt du nichts mehr?«
»Josef...« bettele ich.
Wir stehen immer noch an einer Stelle. Die Jungen klettern aber in die Wagen. Auch sie standen bei den Pferden und hielten sie fest, damit sie nicht durchgingen. Ich lasse die Augen von einem zum anderen schweifen.
»Ein paar Ohrfeigen verträgst du schon, nicht wahr?« sagt Josef. »Ein paar Ohrfeigen mußt du schon bekommen.«
Ich schneuze mich. »Aber nicht von Cumat!« versuche ich zu verhandeln.
»Nein«, sagt Cumat. »Von mir bekommst du keine Ohrfeigen, ich werde dir in den Hintern treten.«
Ich springe auf den Wagen und gebe Julina die Peitsche; ich habe keine andere Wahl, als bis zum Ende zu kämpfen, wenn ich nicht meine Ehre verlieren will. Das Fangspiel beginnt von neuem. Wir fahren bis ans Feldende. Mein Wagen fliegt über den Weg auf das angrenzende Feld. Aber sie sind mir schon auf den Fersen. Die Wagen rattern über den Weg. Es ist ein Wunder, daß sie nicht auseinanderbrechen.
»Zehn Ohrfeigen, Kleiner!« schreit Kadera. »Von jedem zwei. Bleib stehen!«
»Fünf«, versuche ich über die Schulter in voller Fahrt zu verhandeln. Der zweite Weg, ich falle fast aus dem Wagen heraus. Es ist eine Hindernisfahrt mit dem Mistwagen.
»Nein, zehn!«
»Bleib stehen, sonst wird es noch schlimmer für dich!«
Ich bin in der Falle. Die Jungen glauben es, und Res lacht übers ganze Gesicht.
»Jetzt haben wir dich!« jubelt er. »Kleiner, wir haben dich!«
Seine Stimme ist unerträglich. Wenn ich höre, wie er triumphiert, bin ich zu allem fähig.

»Niemals!« schreie ich.
»Weiter, Julina!« rufe ich. Ich schreie so laut ich kann, reiße die Pferdeleine nach links, das Ufer hinauf, wohin man sogar zu Fuß sehr schwer gelangt.
»Julina!«
Die Stute zögert nicht, sie geht wie ein Dieselmotor, sie würde auch die Burg Karlstein erklimmen.
»Kleiner, du Ochse, du bringst dich um!« warnt mich Josef.
»Es ist doch egal!« schreie ich. »Euretwegen, ihr werdet dafür...«
Der Wagen liegt jetzt sehr schräg. Der Eimer, das Essen, die Decken, die Heubündel, alles das rutscht nach hinten auf eine Seite. Zwei Bündel fallen über die Seitenbretter raus. Die Jungen nehmen es von weitem wahr; sie stehn unten, unter dem Abhang. Aber Julina zieht den Wagen nach oben, in den Himmel. Das ist eine Stute, für die Fahrt in den Himmel wie geschaffen!
»Meine Herren!« höre ich von unten. Ich weiß gar nicht, wer das gesagt hat. »Meine Herren!«
»Cumat, gaff nicht so!« schreie ich.
Ich schreie das nur so. Ich habe Angst. Das muß man doch sehen, ich habe Angst, daß Julina sich umbringt. »Julina! Langsam!« mäßige ich sie. Aber sie kann auf dem Abhang nicht langsamer, sonst würde der Wagen sie nach unten reißen. Der kritische Punkt ist schon überwunden. Auf dem Abhang wächst dichtes Jungholz, es ist fünfjähriges Eichenholz. Wir fahren durch das Dickicht, das Holz bricht ab, und das Gebüsch knackt wie Streichhölzer; ein dicker Zweig schlägt mir schmerzhaft an die Schulter. Die hintere Wagenrunge ist gebrochen. Das ist aber ein kleiner Defekt, der uns nicht zum Stehen bringen kann.

Wir walzen durch das Jungholz. Die Stute ist wirklich wie besessen; sie wird nicht langsamer, sondern beschleunigt das Tempo. Wir fahren bis zur Wiese, dann biegen wir in den Feldweg ein. Sie galoppiert weiter bis zu dem Wald, aus dem wir gekommen sind. Isa kann uns kaum folgen. Die Stute ist mit Schaum bedeckt. Hinter der Spitze ihres Kummets und hinter den Geschirriemen stecken abgebrochene Ästchen. Es sieht aus, als wolle sie bis zu ihrem Tode oder bis ans Ende der Welt galoppieren. Ich ziehe an der Leine, weil ich Angst habe, daß sie verrückt wird.

Wir kehren auf den Weg zu den Kiefern zurück. Die Jungen sind noch nicht da. Meine Flucht über den Abhang und das Dickicht war eigentlich eine geniale Abkürzung. Die Landschaft ist wieder ganz still. Wenn keine Flugzeuge brummten, würde ich sagen, daß es überhaupt keinen Krieg gibt. Ich lausche. Die Stute keucht. Ich höre weit entfernt scharfes Pfeifen.

»Oldaaa! Kleineeer!!!«

Jemand schreit hinter dem Roggenfeld, einen Kilometer von hier entfernt. Sie suchen mich jetzt. Meine Lippe ist aufgeplatzt. Ich wische mit dem Handrücken über die Lippe, sehe Blut und spucke einen roten Klumpen aus. Wegen so einem bißchen Blut verliere ich doch nicht den Verstand! Auf keinen Fall werden sie meiner Rache entgehen. Ich mache mit Julina an dem Seitenweg halt. Cumats Kühe stehen ruhig an den Birken. Sie glotzen. Es sind blöde Kühe. Sie sind dumm, kauen, als wäre nichts passiert. Der Seiber hängt ihnen aus den Mäulern.

Ich binde sie alle schnell ab und klatsche mit der Hand auf ihre Hinterteile. »Bewegung!« Ich jage sie im Wald auseinander. »Im Laufschritt! Lauft!« Wütend bewerfe ich die Kühe mit Tannenzapfen. Sie laufen nach allen Seiten auseinander.

Es ist ein Spaß zuzusehen, wie ihre Euter baumeln. Dann springe ich wieder auf den Wagen. Ich muntere Julina auf.
Ich fand ein tiefes Gebüsch. Mittendrin lag eine Lichtung. Ich spannte Julina aus; wir waren von keiner Seite zu sehen, es war ein Platz, wo wir uns nach dem Jagen in Ruhe erholen konnten. Ich schätzte, wie spät es sein könnte; nach dem Stand der Sonne konnte es ungefähr neun Uhr sein. Ich lege Julina ein Heubündel unter die Nase.
Zufällig ist in der Nähe auch ein Bach, so daß ich das Wasser nicht so weit zu tragen brauche. Wenn Julina trinkt, dann trinkt sie nämlich einen halben Fluß aus.
Ich finde einen großen flachen Stein, lege mich auf den Bauch und trinke zuerst selbst aus dem Bach.
Ich schlürfe das Wasser direkt von der Oberfläche und sehe mich darin wie in einem Spiegel. Das Wasser tropft von den Lippen auf das Gesicht meines Spiegelbildes. An dieser Stelle ist der Bach wie eine tiefe Schüssel – kleine Wassertiere flitzen darüber. Für einen Augenblick schneide ich meinem Bild Grimassen. Ich kann davon eine Million: Ich habe sie alle von Zyrill Vitlich gelernt. Erst dann schöpfe ich Wasser für Julina, die ungeduldig ihren Kopf nach mir dreht. Ihr Hals zuckt ein wenig. Sie scharrt mit dem Vorderhuf und wirft Gras und Erde von unten gegen ihren Bauch, weil gerade dort, wo die empfindlichste Haut ist, viele kleine, blutsaugende Fliegen sitzen. Ich trage einen vollen Eimer Wasser mit beiden Händen und stelle Julina das Wasser hin. Das Heu und die Fliegen interessieren sie nicht mehr; sie neigt sich durstig zum Eimer, die Nase hat sie schon im Wasser, aber sie zieht den Kopf schnell zurück und schnaubt. Sie trinkt nicht. Etwas paßt ihr nicht.
»Was hast du denn?« frage ich ärgerlich. Julina ist ein feines Pferd. Unter den Stuten ist sie sicher eine Adelige. Ich schaue

in den Eimer und nehme zwei oder drei Grashalme und ein trockenes Blatt heraus.
»Trink«, sage ich. »Das Wasser ist sauber. Ich hab es auch getrunken!«
Manchmal möchte ich ihr auf die Nase hauen. Julina schaut mich an. Es gibt Augenblicke, in denen ihre Augen wie menschliche Augen aussehen; oft scheint es mir, als könnte sie im nächsten Augenblick anfangen zu sprechen. Sie schaut mich ziemlich lange an. Dann neigt sie sehr langsam, widerwillig – eher meinetwegen – ihren langen Hals. Aber einen Millimeter über dem Wasser bläht sie die Nüstern, sie riecht praktisch nur am Wasser. Sie schnaubt. Auch jetzt trinkt sie nicht. Sie hebt unentschlossen den Kopf, als täte es ihr leid, daß sie mir Schwierigkeiten bereitet, und sie schaut mich wieder an mit ihren schimmernden Augen, deren Weiß so groß ist wie das Eiweiß der hartgekochten Gänseeier. Wie hypnotisiert schauen wir uns an.
»Was paßt dir denn nicht?« tobe ich. »Hast du Durst oder hast du keinen?«
Julina bringt in manchen Situationen ein ausdrucksvolles Gesicht zustande; jetzt sieht sie nicht nur wie eine Pferdefürstin aus, sie hat den erhabenen Ausdruck einer Kaiserin des gesamten Pferdegeschlechts an sich. Ich knie nieder, und zur Kontrolle rieche ich selbst. »In dem Eimer war Kleie. Als wenn das etwas wäre!« streite ich mit ihr. »Du bist aber fein!«
Sie hört mir ruhig zu. Sie bewegt die Ohren und die schweren Augenlider mit den langen Wimpern.
»Du bekommst nichts!« drohe ich. »Glaubst du, daß ich dein Diener bin?« Beleidigt setze ich mich in den Wagen und tue so, als ob ich schlafen wollte. Es sieht so aus, als interessiere es mich gar nicht, ob sie trinkt oder nicht. Julina aber ist schlau,

denn sie hat ein kiloschweres Gehirn im Kopf; mein naiver Trick kann sie nicht in Verlegenheit bringen. Sie wartet, bis ich die Augen ganz geschlossen habe. Dann wirft sie mit einer gemächlichen Bewegung des Vorderbeins den Eimer um. Der Henkel klirrt, und ich höre, wie das Wasser herausläuft. Julina weiß, daß ich nicht schlafe.

»Du kannst mich zur Verzweiflung bringen!« rufe ich. Sie hebt den Kopf. Ich mache ein böses Gesicht, springe aber vom Wagen herunter. Dann nehme ich den Eimer, schließlich kann ich sie doch nicht ohne Wasser lassen. Nach dem Rennen muß sie ja großen Durst haben. Ich gehe erneut zum Bach und schöpfe Wasser, wasche den Eimer aber erst aus. Ich spüle ihn sicherheitshalber noch einige Male nach. Erst dann schöpfe ich vorsichtig das Wasser, damit weder ein Halm noch ein Blatt hineinkommt.

»Wenn du jetzt nicht trinkst, du Aas, hole ich die Peitsche!« brüste ich mich. Die Bewegung ihres Kopfes, des Halses, der Nase ist wieder selbstsicher, sie ignoriert meine Drohungen. Julina riecht am Wasser, sie ist zufrieden, sie findet nichts zu beanstanden und fängt an zu trinken.

»Na also«, sage ich versöhnlich. »Noch einmal, und ich hätte dich wirklich verprügelt!« Es sieht so aus, als lächle sie, aber es ist möglich, daß sie nur durch die Nase Luft ausstieß. Sie trinkt den Eimer wie einen Fingerhut aus, hebt fragend ihren Kopf und dreht mir erneut ihre großen Augen zu. Mit dem Vorderhuf kippt sie den leeren Eimer um. Diese Geste ärgert mich nicht, weil ich weiß, was sie damit sagen will. Ich bringe ihr einen zweiten Eimer Wasser. Julina hat einen Zug wie eine Feuerwehrpumpe; sie säuft den Inhalt schneller, als ich mich an der Wade kratzen kann. Ich bringe ihr den dritten Eimer und stoße meine Finger in ihren Pferdebauch. »Dein Bauch ist schon voll!« sage ich. »Das machst du absichtlich! Du kannst

doch keinen Durst mehr haben, das kannst du mir nicht weismachen!«
Julina sagt nichts, aber sie schaut mich mit ihren großen Augen an. Sie tut, als habe sie nichts getrunken, seitdem sie auf dieser Welt ist. Ich gehe, um einen weiteren Eimer zu bringen. Ich schöpfe, knie auf einem Knie und schinde mich mit dem Wasser ab, als ich vom Wagen her einen bekannten Laut höre. Es hört sich an wie ein Wasserrohrbruch. Ich drehe mich um.
Julina verrichtet ihr kleines Bedürfnis, das ihrer Größe angepaßt ist.
Sie hat ihren Kopf immer noch zu mir gedreht. In einem kurzen Augenblick läßt sie alles wieder heraus, was ich ihr gebracht habe. Jetzt trete *ich* den Eimer mit dem Fuß und kippe ihn um. »Deswegen bringe ich dir das Wasser?«
Nichts deprimiert mich so sehr wie die Vergeblichkeit einer Arbeit. Julina fängt an, ruhig das Heu zu fressen, und sieht dabei höchst zufrieden aus.
Auf einmal habe ich keine Zeit mehr, mich mit Familienstreitigkeiten zu befassen. Ich höre Pferde und Wagen. Ich springe auf den Wagen, aber ich kann nichts sehen, weil das Gebüsch zu hoch ist. Ich klettere über die Deichsel zu Julina, auf ihren hohen und breiten Rücken. Jetzt kann ich über das Gebüsch bis zum Waldweg sehen, der an dem Jungholz vorbeiführt. Ich habe mich nicht getäuscht, sie kommen schon, ich sehe die Karawane. Als letzter fährt Cumat. Ich erkenne seine Kühe; er hat sie wieder beisammen, aber es hat ihm sicher viel Arbeit gemacht. Ich bin zufrieden; Schadenfreude ist manchmal wie ein Heilpflaster auf allen Wunden.
Sie nähern sich, ich springe hinunter und halte der Stute die Nase fest, damit sie nicht wiehern kann. Sie hätte sonst unser Versteck verraten. »Isa, Ruhe!« sage ich zur Hündin. Eben

schlief sie, aber jetzt steht sie schon auf den Beinen und wittert. Ich ziehe lieber auch Isa am Halsband zu mir.
Die Wagen nähern sich. Sie kommen bis zu der Stelle, wo der Weg ganz nahe an unserem Versteck vorbeiführt. Die Hündin habe ich zwischen die Knie eingeklemmt, damit ich die Nase der Stute mit beiden Händen halten kann. Sie ist wie elektrisiert, weil Res' Hengst erneut tobt.
Ich höre Kadera sagen: »Tempo! Er ist nicht weit vor uns! Der Hengst wittert schon seine dämliche Stute!«
Ich hätte gerne gerufen, wer wohl die dämlichsten Pferde hat. Ich schweige und schneide nur Grimassen. Hinter dem Dikkicht fangen sie an, die Pferde zu peitschen, ich höre ihre Peitschen klatschen.
»Weiter!« höre ich ihre Stimmen.
Ich füttere Julina mit einer Mohrrübe und rede mit ihr. Ich spreche so lange mit ihr, bis die Wagen nicht mehr zu hören sind. – Sie sind schon weit auf der anderen Seite, wo der Weg im hohen Wald endet. Als letzter fährt Cumat. Er läuft hinter dem Wagen und peitscht die Kühe, damit sie mit den Pferden Schritt halten. Dann sehe ich Cumat nicht mehr. Ich höre auch nichts mehr. Sie sind schon hinter der braunen, grünen und gelben Kulisse des Frühlingsholzes verschwunden.
Ein Eichelhäher fliegt aus dem Gebüsch, in der Sonne glänzt er wie gehämmertes Eisen. Isa bellt natürlich. Sie knurrt sogar. »Hör auf!« fauche ich die Hündin warnend an. »Das ist ein Eichelhäher.«
Ich schaue dem Vogel nach, wohin fliegt er? Die weißen und blauen Federn verschwinden im Reisig, aber seine heisere, jodelnde Stimme ist noch eine Weile zu hören. Etwas hat den Eichelhäher aufgescheucht. Auch Isa hört nicht auf zu bellen. Ich drehte mich um und nahm einen Stock in die Hand, um ihn nach Isa zu werfen. Ich befürchtete, daß die Jungen ihr

Gebell hören könnten. Sie lief ein paar Meter zurück, hörte aber nicht auf zu bellen. Auf einmal sprang sie vor. Isa bellte nicht den Eichelhäher an, sie ging drei Männern zu Leibe, die in diesem Augenblick aus dem Gebüsch hervorkamen. Sie standen plötzlich ein paar Meter vom Wagen entfernt, als wären sie direkt aus der Erde gewachsen. Sie schauten mich an. Wahrscheinlich beobachteten sie mich schon eine Weile, aber ich hatte sie nicht gesehen.

Einer trat mit dem Fuß nach Isa. Sie sprang zur Seite und kläffte erschrocken. »Ruhe!« schrie er sie an. »Trsch huba, blba pes! – Halt die Schnauze, du blöder Hund!« versuchte er in gebrochenem Tschechisch zu sagen. Sie hörte tatsächlich auf, den Mann anzubellen, nahm den Schwanz zwischen die Beine. Sie war eben ein Feigling. Ich wußte, daß ich mich auf Isas Mut nicht verlassen konnte, egal was geschah. Ich hatte von Anfang an eine schlimme Vorahnung gehabt. Erst jetzt sah ich, daß einer der Männer einen Verband um seine Hand hatte. Sofort erinnerte ich mich an die drei, wie sie in den Weidenbüschen die Uniformen auszogen, die Helme wegwarfen und die Zivilkleidung anzogen, das Motorrad versteckten, während ich sie vom Schober aus beobachtete.

Der eine von ihnen ist hager. Er wirkt hilflos und verstört. Wenn es nicht so ernst wäre, müßte ich über ihn lachen. Aber ich habe Angst. Der andere ist ein gutmütiger, dicker Typ. Er fragt, ob ich deutsch spreche.

Ich schüttle den Kopf. Er versucht es auf tschechisch: »Tvuj ... kobyla? – Dein ... Pferd?« fragt er mich freundlich.

»Jo. Tvuj? – Ja. Dein?«

Ich will die anderen beiden beobachten, den Verletzten und den Hageren. Sie gehen rund um den Wagen und Julina herum. Hauptsächlich interessiert sie Julina.

Der Hagere hält ständig seine Hand unter dem Mantel. Ich

ahne, was er unter dem Mantel versteckt, wahrscheinlich eine Waffe. Aus Angst bekomme ich keinen Laut über die Lippen und bewege mich nicht.

»Topry... kobyla? – Ein gutes... Pferd?« fragt der Dicke erneut. Er will mir mit seinem Körper die Sicht versperren, damit ich nicht merke, was die anderen beiden tun. Ich trete zur Seite, damit ich sie beide sehe.

»Jo? Topry kobyla? – Ja? Ein gutes Pferd?«

Der Hagere beginnt Julina anzuspannen. Er macht die Riemen fest, die ich ihr vorher gelockert habe. Seine Hände zittern dabei, als könnte ihm jeden Augenblick aus dem Gebüsch ein Leopard auf den Rücken springen. Offensichtlich haben sie Angst. Erst fällt ihm die Spreize und dann die Pferdeleine aus den Händen; über das Seitenbrett stolpert er. Der Dicke will mich unterhalten, er grinst andauernd und holt etwas in zerknittertem Staniolpapier aus der Tasche.

»Na... tschokolad... Ja... Prima tschokolad!«

Er will mich ablenken. Es ist mir schon klar, daß sie mir Julina und den Wagen wegnehmen wollen. Die Schokolade interessiert mich überhaupt nicht. Dem Dicken wegzulaufen, das ist eine Kleinigkeit für mich. Ich bewege meinen Körper nach links, als wenn ich nach links möchte, springe aber nach rechts. Er breitet die Hände umsonst aus. Ich glaube, er ist hinter meinem Rücken zu Boden gefallen.

»Halt!« brüllt er.

Ich springe zu Julina und halte auch schon ihren Zaum in meiner Hand. »Das ist unser Pferd!« schreie ich. »Laßt es! Laßt mich...!« rufe ich absichtlich laut und dem Hageren direkt ins Gesicht. Er will mich wegschieben, schleudert mich zu Boden. Aber ich halte die Julina fest und kümmere mich nicht um seine Schläge, obwohl sie sehr schmerzen.

»Himmelherrgott... Idiot!«

»Aaauu!« schrei ich aus allen Kräften. Jetzt möchte ich, daß die Jungen mich hören. Der Hagere zieht mir die Pferdeleine aus der Hand, schlägt mich nieder und wirft sich auf mich. Ich kratze. Es ist gut, daß ich mir die Nägel nicht so oft schneide. »Schwein«, sagt er heiser.
Ich nutze den Augenblick aus, wo sich zufällig seine Wade mit hochgekrempeltem Hosenbein in der Nähe meines Gesichts befindet. Ich schließe die Augen und beiße zu, so fest ich nur kann. Es ist nur nicht gerade angenehm. Wer weiß, wohin er während des Krieges überall die Füße gesteckt hat! Aber ich habe keine Wahl. Er schreit furchtbar auf, es muß ihn überrascht haben. Er erstarrt und ist einen Augenblick unfähig, sich zu bewegen. Sein Gesicht ist verzerrt. Ich nutze den günstigen Augenblick, springe an das Pferdegeschirr und spanne Julina wieder aus. Ich bin gerade damit fertig, da habe ich sie alle drei auf dem Hals.
Die drei Deutschen schlagen heftig auf mich ein. Vielleicht schlagen sie mich tot. Ich blute aus der Nase. Ich wische die Nase mit der Hand ab, die Handfläche und die Finger sind voll Blut. Die Jacke hängt in Fetzen, das Hemd ist zerrissen. Aber ich weine nicht. Ich werde vor den Deutschen nicht weinen, auch, wenn sie mir die Haut abziehen würden. Ich habe nationalen Stolz. Sie glauben, daß ich nicht mehr auf die Beine komme. Der Dicke und der Hagere gehen wieder zum Wagen. Sie sind sechs Meter groß und reichen bis zum Himmel. Ich liege hinter ihnen im Gras, mein Mund ist voll Erde; ich spucke aus und denke, es sind auch Zähne dabei. Ich nehme nur noch Herzklopfen wahr. Niemals vorher hörte ich mein Herz so klopfen wie jetzt. Für mich existieren weder Wald noch Vögel, kein Gebüsch, kein Bach, sondern nur noch mein Herz; ich fühle es in meinem Kopf, es klopft in meinem ganzen Körper.

Ich sehe, daß der mit der verbundenen Hand Julina schon wieder eingespannt hat. Er sitzt im Wagen und wartet auf die beiden anderen. Er hält die Pferdeleine und die Peitsche in der Hand, sitzt im Wagen und wartet auf den Dicken und den Hageren. Ich stütze mich auf die Ellbogen. Sie hätten niemals geglaubt, daß ich nach den Prügeln noch einmal hochkäme. Die Deutschen kennen die slawische Natur nicht. Doch meine Angst wird größer. Ich darf die drei Deutschen nicht aus den Augen verlieren. Sie fahren schon weg. Julina dreht sich zwar um, aber schließlich läuft sie. Ich schlage Haken durch das Dickicht zu dem Waldweg. Ich laufe hinter ihnen her. Sie fahren schneller und schneller. Ich höre die Peitsche und das Rasseln des Wagens. Ich laufe hinter ihnen her, weiß aber nicht, was ich unternehmen soll. Ich habe eine einzige Hoffnung: daß ich einem Erwachsenen aus dem Dorf begegne, der ihnen Julina wegnimmt. Ich bin schon hinter ihnen. Sie sitzen alle drei auf dem Wagen, und der Hagere fährt. Sie können mich in dem Gebüsch nicht sehen. Die Zweige zerreißen meine Hände und schlagen mir ins Gesicht, ich stolpere über Wurzeln. Ich begreife, daß ich keinem aus dem Dorf begegnen werde. Und wenn ich jemandem begegnen würde, hätte er nicht den Mut, die Deutschen anzuhalten. Sie fahren im Galopp; ich laufe so schnell, wie ich nur kann. Wieder habe ich das Gefühl, daß das Herz mir aus dem Leib springt. Ich bekomme keine Luft mehr.

Da ist die Stelle, wo es am nächsten zu dem Weg und dem Wagen ist. Ich werfe mich durch die Öffnung zwischen den Ästen des Gebüschs. Augen und Hände sind nur auf eins konzentriert: auf die Sperrstifte der Räder! Fast falle ich unter das Hinterrad des Wagens. Erst jetzt sehen mich die Deutschen. Aber inzwischen habe ich den Sperrstift herausgezogen und weit in den Wald geworfen, damit sie ihn nicht finden. Sie schreien, ich solle stehenbleiben und so weiter, aber ich sehe nur ihre aufgerissenen Mäuler. Sie springen vom Wagen und laufen auf mich zu. Der Hagere haut mit der Peitsche um sich.

Alles kommt mir vor wie ein Alptraum.

Hauptsache, das gelockerte Rad ist abgefallen!

Ich mache kehrt und laufe weg. Dem Dicken und dem Verwundeten würde ich schon weglaufen, sie laufen wie die Nachtwächter, aber der Hagere ist vielleicht deutscher Meister im Querfeldein. Er wirft die Peitsche weg, hat jetzt die Hände frei, und mein Vorsprung wird kleiner und kleiner. Ich habe furchtbare Angst. Ich laufe bergauf und reiße dabei das Gras mit den Händen heraus.

»Isa!« rufe ich. »Isa!«

Aber ich sehe Isa nirgendwo. Sie bellt nicht einmal.

»Vati!« schreie ich aus allen Kräften. »Vati!«

Jetzt kann ich nicht mehr. Der Deutsche hält ein Messer in der Hand, ich sehe nur sein großes, blankes Messer. Ich bleibe liegen, kann mich nicht mehr erheben und nicht mehr weiterlaufen. Es bleibt mir nichts anderes übrig, als zu warten, was passiert. Das Gesicht des hageren Deutschen über mir füllt die ganze Welt aus. Seine Augen, seine Nase, seine Lippen und seine Zähne füllen das ganze All aus. Ich habe noch niemals solche Augen gesehen. Sie stehen unbeweglich in seinem Gesicht, nur die Lider zucken ab und zu, und seine Pupillen haben die Farbe von Rauch und Glas.

»Das ist... unser... Pferd«, sage ich leise. »Ich bitte euch!« Er kniet sich auf mich. Er will mir etwas tun.

»Ich bitte euch!«

Ich schaue wie gebannt das Messer an. Ich will noch nicht

sterben. In diesem Augenblick fühle ich, daß ich furchtbare Angst vor dem Tod habe. Ich will beten, aber dazu habe ich keine Zeit mehr.

Als ich die Augen aufmachte, sah ich zuerst die Zunge von Isa. Ich konnte nicht gleich begreifen, wo ich mich befand und was geschehen war. Isa leckte mein Gesicht ab. Mit ihrer weichen Schnauze stieß sie in mein Gesicht, damit ich wach werden sollte. Meine Bewegungslosigkeit erschreckte Isa. Wahrscheinlich fürchtete sie sich im Wald. Ich fühlte, wie ihre feuchte Nase über meinen Hals wanderte, wie sie mir nacheinander Schultern, Arme, Brust und Bauch beleckte. Als sie sah, daß ich die Augen halb aufmachte, bellte sie. Jetzt wußte ich auch, wo ich war, nämlich im Hagebuchenwäldchen. Und nicht dort, wo ich hingefallen war, als mich der Deutsche eingeholt hatte. Wie war ich hierher gekommen? Dort oben, über dem dunklen Netz der Baumkronen, schwamm die Sonne; sie stand schon sehr tief. Es war, als hielten die schlanken Stämme der Buchen sie gefangen. Auf einmal wußte ich wieder alles, was geschehen war. Ich jage Isa fort. Ihr Schmeicheln ist mir lästig, und außerdem kann ich ihr die Feigheit nicht verzeihen, mit der sie mich im Stich gelassen hat. »Du Schuft!« sage ich zu ihr. »Wo warst du?«
Jetzt macht sie treue Augen. Isa kann einen mit einem außerordentlich wehmütigen Blick anschauen. »Du feiger Schuft!« schreie ich sie an. Ich nehme ein Stück Holz in die Hand, will es nach ihr werfen, aber Isa springt zur Seite. Sie setzt

sich jedoch sofort wieder hin, schaut mich an, ihre heraushängende Zunge zittert; sie knurrt leise und bittend, als ob sie mich wieder besänftigen wolle.
Das Schießen ist näher gekommen. Ich höre das Maschinengewehr sehr deutlich. Die Garben sind so laut zu hören, als säße der Schütze schon hinter dem nächsten Dickicht.
Über dem Wald steht die Sonne. Ihr Schein ist rötlich. Das rote Licht rinnt die Zweige und Stämme bis zu dem niedrigen Gesträuch herunter, es flimmert, so, als wäre irgendwo ein großer Kerzendocht dem Verlöschen nahe. Ständig wird geschossen.
Ich stehe auf, krümme mich vor Schmerz, sehe nach und stelle fest, daß ich nur einige Hautabschürfungen abbekommen habe. Das wundert mich, denn ich dachte, ich hätte mindestens mehrere Knochen gebrochen. Isa hört auf zu bellen; sie reibt sich an meiner Wade. Sie liebt mich auf einmal sehr. Hätte ich sie zu Hause gelassen und wäre allein in den Wald gefahren, es wäre das gleiche. Einen Augenblick torkele ich wie benommen. Es flimmert mir vor den Augen, ich habe Ohrensausen. »Kriech nicht andauernd hinter mir her!« tobe ich. »Warum hast du sie nicht gebissen?« Meine Lippen kleben an den Zähnen. Ich spucke Blut aus. Mit der Zunge feuchte ich die Lippen an. Ich tue es vorsichtig, weil es fürchterlich brennt. Ich muß gespenstisch aussehen. Nur gut, daß ich mich nicht sehen kann, gut, daß mich meine Mutter nicht sieht. Ich trample durchs Gebüsch, obwohl ich es leicht umgehen könnte, trete gegen die Baumstämme, obwohl ich sie sehe. Ich gehe wie im Traum. Es ist ein merkwürdiger Zustand, so als ob mein Körper kein Gewicht hätte, aber mein Kopf wiegt dafür anscheinend einen Doppelzentner. Doch ich halte die Richtung zu dem Weg und zu dem Gebüsch ein, wo mein Wagen und die Julina standen. Nur eine Gasmaske

liegt hier, und im Gras sind Radspuren zu sehen, sonst ist nichts mehr hier. Ich hab das alles doch nicht geträumt, es ist wahr. Wütend trete ich gegen die Gasmaske; mit solcher Kraft, daß ich mir dabei mindestens die Zehen verrenkt habe. Ich springe wie wild auf einem Bein herum. Aber dieser Wutausbruch beruhigt mich nicht. Auch der überfahrene Eimer liegt noch dort; das Rad hat ihn plattgedrückt. Ich hebe ihn auf und werfe ihn ins Gebüsch. Isa, die Idiotin, läuft hinter ihm her, nimmt ihn am Henkel in die Schnauze und bringt ihn zurück. Vor Wut hätte mich beinahe der Schlag getroffen. Aber sie ist dummerweise so treu, daß ich ihr nicht einmal böse sein kann. Vitlich hat sie fabelhaft dressiert, aber mir scheint, kein Erziehungssystem kann die Eigenschaften des einzelnen verändern. Nicht mal die von Hunden.

»Julina!« schreie ich in die Baumkulisse. »Julinaaa!« Ich laufe zum Weg. Aber der Weg ist leer. Ich schaue mich nach beiden Seiten um – nirgendwo eine Spur. Über dem Wald steigt eine Leuchtkugel empor, zerspringt in kleine glühende Knöpfe. Irgendwo in der Ferne kommt es zu einer Detonation.

»Juuuliiinaaa!« schreie ich und weine fast dabei.

Ich laufe durch den Hohlweg und Isa hinter mir her.

»Lauf nicht hinter mir her! Lauf nicht hinter mir her!« Ich lasse meine Wut an Isa aus und bücke mich, um einen Stein aufzuheben. »Warum kriechst du ständig hinter mir her? Lauf, wohin du willst!« Ich weiß schon, daß ich die Julina nicht mehr finden werde. Die bevorstehende Katastrophe zu Hause bedrückt mich. Isa springt erschrocken hinter ein Gebüsch und läuft am Waldrand weiter, weit genug zwischen den Bäumen, so daß ich sie nicht mit dem Stein treffen kann. Sie läuft einen Bogen und ist dann plötzlich auf dem Weg vor mir. Sie wartet, bis ich sie erreicht habe. Und wieder läuft sie

weg, damit sie weit genug fort ist, falls ich noch mehr Steine nach ihr werfen will. Manchmal ist sie sogar schlau. Ich sehe, daß sie einen Fetzen Stoff im Maul hat.
»Isa«, rufe ich. »Bring es her! Was hast du denn da?«
Sie hat Angst vor mir und hält Abstand. Sie hat tatsächlich einen Lappen zwischen den Zähnen. Sie stolpert darüber und muß ihre Schnauze hochhalten, damit sie nicht darauf tritt.
»Isa!« Ich schnalze mit der Zunge. »Du brauchst keine Angst zu haben. Ich tu dir doch nichts, du Idiot!« sage ich freundlicher. Sie läßt sich tatsächlich überzeugen. Dann gehe ich zu ihr. Sie hält in der Schnauze das Tuch, worin mir meine Mutter heute früh das Essen eingepackt hat. Ich erkenne es, bestimmt ist es das Tuch. Sicher ist es den Deutschen vom Wagen heruntergefallen; wahrscheinlich fuhren sie so schnell, wie Julina laufen konnte. Verzweifelt renne ich los. Ohne irgendeine Absicht; denn selbst wenn ich sie einholte, was ganz ausgeschlossen ist, was könnte ich schon ausrichten, außer daß ich wieder eine Tracht Prügel bekäme!

Ich falle auf den Weg, kann nicht mehr laufen. Ich kriege keine Luft mehr. Ich sehe mir die Kreuzung der drei Wege an. Der Boden ist hier steinig; ich kann nicht erkennen, wo die Deutschen abgebogen sind.
»Wohin sind sie bloß gefahren?« frage ich Isa. Isa aber ist kein Fährtenhund, sie kann höchstens etwas zum Essen riechen. Sie läuft den Weg entlang und schnüffelt an den Kaninchenlöchern. Ich stehe auf und weiß jetzt wirklich nicht, was ich tun soll. Ich kann suchen soviel ich will, ich finde trotzdem keine Spuren.
Die Sonne wird schon schwächer und funkelt auf den Sträuchern; bald wird sie untergehen. Die Schießerei schwillt immer mehr an. Ich versuche, nicht mehr auf meinen Atem und

das Pochen des Blutes zu achten; ich begreife, daß das Schießen ununterbrochen und ganz nahe zu hören ist, noch näher als vor wenigen Augenblicken.
Ich gehe jetzt, laufen hat keinen Sinn. Ich komme zum Bach. Auf einmal verspüre ich großen Durst, meine Zunge ist trokken und rauh. Der Bach läuft jetzt parallel zum Weg. Ich lege mich auf den Bauch, stütze mich auf die Ellenbogen und berühre die Wasserfläche mit dem Mund. Ich sauge das Wasser durch meinen Mund ein, bis er ganz voll ist. Ich trinke in langen Zügen. Das Wasser dringt durch meine Zähne, und es lindert den Schmerz des Zahnfleisches, es ist ein maßlos glückliches Gefühl. Der Hund trinkt auch. Und dann habe ich ihn wieder zu meinen Füßen; er drückt sich an mich, winselt, wittert etwas. Sicher sehr nahe, sonst würde er sich nicht so verhalten.
»Was ist denn?« frage ich leise. »Was ist denn, Isa?« Damit sie sich nicht fürchtet, tue ich, als hätte ich keine Angst. Ich schaue, wohin Isa ihren Kopf dreht. Ich gehe vorsichtig an den Sträuchern vorbei, lege mich schnell auf die Erde, hebe nur den Kopf und blicke über die Halme. Ich sehe nicht nur drei Deutsche, sondern mindestens dreitausend Deutsche. Auf dem Waldweg steht eine Kolonne Militärfahrzeuge, die mit Ästen und Netzen zugedeckt sind. Sie sind ganz verstaubt. Ich weiß, daß die Netze und Äste zum Tarnen da sind. Ich sehe auch Panzerwagen und Kanonen und sehr viele Lastwagen und einige Motorräder mit Seitenwagen. Sie haben auch eine Batterie Minenwerfer, und ich weiß nicht, was sonst noch für Waffen. Sie stehen; ich sehe keine Bewegung. Es sieht sonderbar aus, daß die Soldaten neben den Autos schlafen und ihre Waffen auf dem Boden liegen. Sie schlafen tief, sie müssen sehr müde sein. Sie liegen über den ganzen Abhang und den Weg verstreut. Einige von ihnen liegen in

den Autos hinter dem Lenkrad, in den geöffneten Wagenkästen auf Kisten und auch in den Seitenwagen. Nur hinter einem Maschinengewehr sehe ich einen Wachsoldaten. Er lehnt an einem Baum. Der Kopf des Mannes fällt ständig auf seine Brust.
Plötzlich krachen Schüsse. Sie interessieren keinen von diesen Soldaten. Ein Mann mit silbernen Tressen geht zwischen den Schlafenden umher. Er trägt auf dem linken Unterarm eine Pappkiste und wirft jedem Soldaten zwei weiße Schachteln auf die Erde. Manche lassen sie unachtsam liegen, andere wieder wachen genau auf die Sekunde auf, strecken ihre Hand aus und stopfen damit ihre Taschen voll. Die wenigsten strecken die Hand aus, um sie direkt von ihm in Empfang zu nehmen. Er spricht sie nicht an, und sie sprechen ihn nicht an. Er steigt über sie hinweg, sieht nach, wem er schon eine Schachtel gegeben hat und wem noch nicht. Und wieder schaut er in die Pappkiste. Schließlich nähert er sich meinem Strauch, kommt zu dem Wachposten. Auch ihm gibt er zwei Schachteln. Der Wachsoldat reißt sofort eine Schachtel mit den Zähnen auf und nimmt eine Zigarette heraus, steckt sie in den Mund.
»Die letzte Zuteilung«, sagt der Soldat auf deutsch. Die beiden zünden sich ihre Zigarette an.
Diese Soldaten sahen von allen, die ich je gesehen habe, am schrecklichsten aus, gerade deshalb, weil sie schliefen, während das Schießen weitertobte. Niemals war ich dem Atem des Krieges so nahe wie jetzt.
Ich krieche auf dem Bauch wieder zurück. Der Hund auch. Ich halte Isa ständig die Nase zu. Ich krieche bis zum Bach zurück, dann laufe ich geduckt den Abhang hinauf, damit ich die Deutschen in großem Bogen umgehen kann. Ich weiß überhaupt nicht, was ich ohne Julina tun werde, aber ich

möchte aus dem Wald heraus sein. Der Schnürsenkel geht auf. Es scheint mir, daß ich schon sehr lange gehe. Ich muß mich in der Aufregung irgendwie in der Richtung geirrt haben. Ich fürchte, daß ich für immer zwischen Sträuchern, Bäumen, Ästen und Wurzeln bleiben muß. Aber auf einmal wird die geschlossene Wand der Baumstämme dünner; zwischen den Bäumen ist mehr Licht. Dann gibt es nur noch vereinzelte Eichen, und ich bin in der freien Landschaft. Ich weiß gar nicht, wie das möglich ist. Hinter den Feldern sehe ich unsere Kirche, unseren Kirchturm. Ich muß mich hinsetzen, mache den Schnürsenkel zu. Die Sonne färbt sich rötlich. Und wieder laufe ich los, laufe durch die niedrigen Akaziensträucher, die mir kaum bis zur Gürtellinie reichen.

Wenn ich daran denke, daß ich Julina wahrscheinlich nicht mehr zurückbekomme, möchte ich am liebsten laut in die leere Landschaft weinen. Ich schneuze mich, mein Kinn zittert. Es fällt mir sehr schwer, auf den Füßen zu bleiben. Ich krieche aus dem Akaziengebüsch heraus und gehe quer über das Ackerfeld; ich weiß eigentlich gar nicht, wohin. Ich gehe in Richtung Kirche, weil ich den Kirchturm sehe. In der Kirche liegt Stroh, vielleicht werde ich in der Kirche schlafen; denn nach Hause kann ich ohne Julina nicht zurückkehren. Isa läuft von einem Mauseloch zum anderen. Ihre Nase ist mit Erde beschmutzt. Sie scharrt mit den Vorderbeinen, als wolle sie sich in die Mauselöcher einscharren. Einem Hund geht es manchmal viel besser als einem Menschen, und ich beneide Isa um ihr Hundeleben. Plötzlich hat das Schießen aufgehört. Das Ackerfeld ist unendlich groß; ich stehe mitten in einer ebenen, freien Landschaft, die von grauem Wald umgeben ist. Im Hintergrund sind die Hügel wie auf einem blauen Ausschneidebogen zu sehen, das abendliche Licht zeichnet scharf ihre Konturen ab. Ich gehe langsamer. Ich martere mein Ge-

hirn, aber es fällt mir nicht ein, was ich tun könnte. Zeitweilig glaube ich, Pferdehufe zu hören. Aber das träume ich sicher nur; denn mein Kopf ist voller Schmerzen, ich habe Fieber und leide unter Sehstörungen. Wenn ich doch zusammen mit den Jungen gefahren wäre. Nichts wäre passiert. Julina wäre noch bei mir, und von den Jungen hätte ich höchstens eine Tracht Prügel bekommen. Ja, ich würde sogar die demütigende Prügel von Cumat, Kadera, Res und Vasak ertragen.
Ich bleibe in den tiefen Spuren der Panzerwagen stehen. Sie führen quer über das Feld zum Wald. Die Spur ist knietief. Isa hat Glück, sie hat wirklich eine Maus aufgestöbert, jagt sie jetzt übers Feld. Aber die Maus entkommt ihr schließlich doch noch.
Plötzlich schreit mich jemand in dieser Landschaft, wo ich keinen Menschen sehe, an und fordert mich auf stehenzubleiben. Aber es klingt irgendwie anders, fast wie: »Stoi!« Ich weiß nicht, wer hier schreien könnte, ich sehe doch keinen Menschen.
»Stoi!« höre ich die Stimme. Ich drehe mich um, lasse die Augen über das Feld schweifen, beschleunige den Gang. Ich laufe fast. Ich habe mich erschrocken. Die leere, stille Landschaft ist auf einmal nicht mehr friedlich, sondern drohend; ich kenne mich nicht mehr darin aus. Urplötzlich springt jemand aus dem tiefen Hohlweg und läuft auf mich zu.
»Stoooi!« höre ich. »Stoi!« Ich höre und sehe ihn. Über die Schultern hat er einen flatternden Mantel. Es ist kein Schreckgespenst, sondern ein Soldat. Eine solche Uniform habe ich noch nie gesehen. Auf dem Kopf hat er etwas Großes, Pelziges. Selbstverständlich renne ich sofort weiter. Ich habe schon genug blaue Flecken. Ich weiß nicht, welchem Heer er angehört, aber er sieht überhaupt nicht friedliebend aus. Ich laufe weg, so schnell wie ich kann, und drehe mich dabei um. Er

läuft hinter mir her. Er läuft sehr schnell. Er schreit immer noch sein Wort. Ich schlage Haken wie ein Hase. Es ist klar, daß er mich einholen will. Am besten kann ich etwas vorgebeugt laufen. Ich höre gar nicht mehr, was er ruft. Er schreit ständig etwas und nicht nur ein einziges Wort, sondern ganze Sätze. Wahrscheinlich flucht er, es hat sich jedenfalls so angehört. Ich kann nicht begreifen, womit ich ihn so geärgert haben soll. Im Krieg gibt es anscheinend überall nervöse Menschen. Ich renne, daß die Erdklumpen fliegen.
»Isa, spring ihn doch an! Spring ihn an!« ermuntere ich die Hündin. Aber daran ist nicht zu denken. Sie verharrt zwar einen Augenblick, bekommt aber Zweifel. Dann bellt sie lieber. Das ist auch schon mal was! Dann läuft sie in einem großen Bogen davon. Ein Stück weiter bellt sie gleich wie drei tollwütige Hunde. Isa hat wohl gemerkt, daß der wütende Mann mich erreicht hat. Nun sehe ich seine sonderbare Uniform genauer, den Mantel mit den gehobenen Schultern. Es ist eher eine Pelerine, die am Hals festgebunden ist. In diesem Augenblick hat er sie verloren. Sie fällt auf die Erde, er läßt sie liegen. Seine Beine stecken in Stiefeln. Die Reithose schlottert ein wenig oberhalb der Knie. Über all dem leuchtet sein rötliches Gesicht wie eine Kuppel.
Ich zweifele nicht daran, daß er mich töten will. Ich kann weder schneller laufen noch Widerstand leisten. Ich ducke mich nur. Er springt mich an, reißt mich zu Boden, legt sich auf meinen Körper. Ich sehe seine Mütze, es ist eine Bärenmütze, sie fällt ihm vom Kopf herunter, rollt über das Feld, dann bleibt sie so stehen, daß ich den glänzenden, samtigen Mützendeckel sehen kann. Er liegt mit seinem ganzen Gewicht auf mir. Er würgt mich. Ich trete ihn, tue, was ich nur kann; mit letzter Kraft kämpfe ich um mein Leben. Auf einmal schießt ein Maschinengewehr ganz nahe. Genauso über-

raschend, wie vorher der Soldat erschienen ist. Die Schüsse pfeifen direkt über uns hinweg. Dann rattern weitere Garben. Ich sehe, wie unter seiner Bärenmütze ein Stück Erde hochspritzt; die Mütze macht einen Hüpfer. Der Mann zieht mich weg von hier, er schlägt mich nicht. Und wieder wird die Erde von einer Garbe durchsiebt. Aber da sind wir schon in Sicherheit hinter den Bäumen, die die Sicht auf das Fenster des Kirchturmes erschweren. Von dort wird geschossen. Ich weiß nicht, ob es sich um ein deutsches oder russisches Maschinengewehr handelt, aber es fällt mir ein, daß ich in der Kirche wahrscheinlich nicht übernachten kann, wenn dort Soldaten sind. Wir liegen auf dem Boden und atmen schwer und sehen uns gegenseitig an. Der Soldat ist im Gesicht schmutzig, verschwitzt; wahrscheinlich hat er sich zuletzt rasiert, als der Krieg ausbrach. Er schaut mich und dann wieder den Kirchturm an. Er sagt: »Nu, Kleiner, komm her! Aber schnell!«
Er zieht mich zurück zum Hohlweg. Dort steht er auf, auch ich bin aufgestanden. Hier können wir geduckt weiterlaufen. Plötzlich greift er sich an den Kopf. Es wird mir langsam klar, daß er ein Russe ist. Ich sehe den ersten Russen. Als erster aus unserem Dorf heiße ich ihn willkommen. Es fällt mir nichts ein, was ich tun könnte. Ich sollte vielleicht die Staatshymne singen oder sonst etwas sagen. Ich stehe da wie das Kreuz am Bach, habe nicht einmal guten Tag oder etwas Ähnliches gesagt. Der Russe findet natürlich die Bärenmütze nicht auf seinem Kopf, weil sie dort drüben auf der Erde liegt, wo wir beide hingefallen sind. Er schaut nach seiner Mütze, das Maschinengewehr in der Kirche interessiert ihn nicht so sehr wie seine Bärenmütze. Plötzlich entdeckt er sie. Er müßte zurück auf das freie Feld laufen, wo freie Schußbahn ist. Es ist klar, daß dort die Deutschen schießen. Der Russe holt sich aber die Mütze; eins, zwei, drei ist er losgesprungen, und blitzschnell

ist er wieder zurück. Hinter ihm spritzt der Lehm wieder hoch. Niemals hätte ich gedacht, daß die Erde wie Wasser hochspritzen kann. Und daß ich den Krieg so nah erleben würde! Der Russe reibt die Bärenmütze mit seinem Ärmel ab, pustet über den seidenen Mützendeckel und setzt die Mütze auf den Kopf. Er erzählt mir etwas, es klingt wie verwischtes Slowakisch, zum Hören ganz interessant. Wahrscheinlich flucht er schrecklich, sicher wurmt es ihn, daß seine Mütze voll Tonerde ist. Sie ist auch an einer Stelle durchschossen. Man kann einen Finger in das Loch stecken. Wer weiß, was für eine Beziehung er zu seiner prunkvollen Mütze hat, vielleicht ist sie sein Glücksbringer. Für weitere Überlegungen hatte ich keine Zeit mehr, er stieß mich an, ich sollte in den Hohlweg hineinspringen. Ich kam nicht mehr aus dem Staunen heraus! Dort standen neun oder zehn gesattelte Pferde! Noch nie habe ich so wunderbare Pferde gesehen. Wie Feuer! Gegen diese Pferde sahen alle Pferde, die ich bisher gesehen hatte, wie Fallobst aus.

»Was ist denn? Hast du noch kein Pferd gesehen?« schrie er mich an. Seine Sprache klang jetzt wie Tschechisch. Es wunderte mich sehr, daß beide Sprachen sich so furchtbar ähneln. Ich wußte zwar, daß Russisch dem Tschechischen verwandt ist, aber daß diese beiden Sprachen so ähnlich sind, hätte ich nie geglaubt. Ich erinnerte mich, daß unser alter Opa immer sagte, alle Slawen hätten einen einzigen Stammvater und eine einzige Stammutter.

Der Russe legte sich auf den Abhang des Hohlweges. Sein Maschinengewehr lag noch da, wie er es verlassen hatte, als er hinter mir her lief. Der Soldat zeigte zum Kirchturm: »Deutsche«, sagte er. Er sprach es sachlich wie das Wort »Brot« aus. Und er zeigte mir sehr anschaulich, daß ich tot sein konnte. Er tat es so, daß ich meine Augen aufriß. Hätte

ich die schlimmen Erlebnisse nicht gehabt, sicher hätte ich gelacht.
»Du... ein Slowake?« fragte er.
Ich schüttelte den Kopf.
Sein Gesichtsausdruck änderte sich. »Ein Deutscher?« Er hatte in seiner Stimme einen kalten Ton.
Ich schüttelte erneut den Kopf. »Nein«, sagte ich laut.
»Österreicher?«
Ich hätte selbst gerne gewußt, was das Wort Österreicher bedeutete.
»Ungar?«
Der Russe dachte sich phantastische Namen aus.
Ich schwieg, machte ein verzagtes Gesicht wie ein Waisenkind. Manchmal machte ich Gesichter, daß ich mir meinen eigenen Ausdruck lebhaft vorstellen konnte. Er sprach mit mir wie mit einem Schwachsinnigen. Er zeigte auf sich.
»Ich«, sagte er. »Ich bin ein Russe. Du...?« und zeigte dabei auf mich.
»Ich bin ein Tscheche«, antwortete ich.
»Nein«, sagte er. Er wunderte sich gewaltig. Er glaubte es gar nicht. Ich begriff nicht, warum er es nicht glaubte.
»Du bist ein Slowake«, sagte er wieder. Er setzte mich in Erstaunen, daß er aus mir um jeden Preis einen Slowaken machen wollte.
»Ich bin kein Slowake«, antwortete ich ihm. »Ich bin ein Tscheche. Hier ist schon Mähren.«
»So... Mähren?«
Das Wort Mähren machte das Gespräch wahrscheinlich kompliziert. Er begann wieder von vorne. Er machte es anschaulich. Er klopfte ein Stück Erde rund um sich flach. Er malte so etwas wie einen großen Kreis. Er schrieb dorthin CCCP.

»Sowjetunion«, sagte er, »Rußland. Ich bin ein Russe«, sagte er erneut. »Ich bin ein Russe.« Und er schrieb es auf. In der kyrillischen Schrift schreibt man das Wort Russe: Pyc. Es wunderte mich, daß es Russe hieß und daß man es Pyc mit einem Ypsilon schreibt. Rund um den Kreis malte er irgendwelche Mäuse. Er zeigte: »Polen, Ungarn, Österreich, Deutschland...«

Er malte eine Leberwurst. Zusammen sah es aus wie eine Sonnenblume oder ein Elefantenkopf mit fünf Ohren.

»Die Tschechoslowakei«, sagte er. »Ja?« Er erwartete mit Spannung, was ich darauf antwortete.

Auf einmal begann vor der Kirche eine furchtbare Schießerei. Es war eine Knallerei wie am Fronleichnamstag.

»Das macht nichts«, beruhigte er mich. »Das sind unsere Leute. Sie sprechen mit den Deutschen... Du bist ein Tscheche, ja?«

»Hm«, sagte ich.

Das ganze Gespräch kam mir spanisch vor. Die Salven vor der Kirche tönten durch die Landschaft. Den Russen störte das überhaupt nicht. Er sah aus, als wenn er nicht nur auf dem Schlachtfeld groß geworden, sondern auch auf ihm geboren worden war. Die Pferde der Kosaken im Hohlweg standen auch still wie Schildkröten. Sie fraßen das vorjährige Trokkengras. Es war hart wie Draht, und es schmeckte ihnen offenbar sehr gut. Es waren genügsame Pferde, sie hätten auch trockenes Stroh gefressen. Es fiel mir ein, daß es wunderbare Pferde für meinen Vater wären. Ich konnte meine Augen von ihnen nicht abwenden. Er fragte mich nach unserem Haus oder so etwas Ähnliches. Aber das Wort »Haus« habe ich deutlich verstanden. Vielleicht fragte er, ob ich nach Hause wolle. Oder ich sollte nach Hause gehen. Ich habe den Kopf geschüttelt. Ich konnte ohne Julina nicht nach Hause gehen.

Ich konnte doch nicht ohne das Pferd vor meinen Vater treten.

»Wo ist dein Haus?« Das hatte ich begriffen. Ich zuckte mit den Schultern. Ich konnte es ihm auf slowakisch erklären, aber ich tat, als ob ich es nicht kapierte. Ich wollte ihn an der Nase herumführen. Doch der Russe streichelte gefühlvoll meine Wange. Mein Verhalten brachte ihn anscheinend auf den Gedanken, daß ich überhaupt kein Zuhause hätte.

»Die Deutschen haben deine Eltern umgebracht?« fragte er. Sein breites und flaches Gesicht war voll Mitgefühl. Ich zwinkerte, und es ist möglich, daß er das für die zustimmende Antwort hielt.

»Das macht nichts«, sagte er und hob mein Kinn. »Du bist schon groß. Das macht nichts!« In diesem Augenblick schossen ungefähr fünfzig Soldaten von der Kirche aus. Jetzt schaute auch der Russe hin. Sein Maschinengewehr lag schußbereit am Rande des Hohlweges, so daß er jederzeit in den Schußwechsel eingreifen konnte. Er zog auch eine Granate aus der Tasche und legte sie neben das Maschinengewehr. Er nahm den Krieg als etwas Selbstverständliches hin, und dabei hatte er noch Zeit, sich mit mir zu unterhalten.

»Wie heißt du denn?« fragte er und blickte verstohlen zur Kirche. Ich wollte auch hinschauen, aber er stieß mich wieder zurück. Ich sollte lieber nicht hinsehen. Er tat es mit seiner ganzen Kraft, gar nicht zart. Wieder begann er mit der Fingersprache.

Er vergrub seine Daumen in seine speckige Bluse. »Vasilej«, sagte er, »Vanuscha. Wie heißt du denn?«

»Olin«, antwortete ich.

»Wie?« fragte er und hob die Augenbrauen.

Er wiederholte es einige Male, als könne er es dann besser behalten. Ich wollte gerne wissen, was sich an der Kirche abspielte. Aber der Soldat lachte plötzlich laut. Mein Name mußte ihm komisch vorkommen. Ich wußte nicht, warum. Ich weiß nicht, was daran so komisch war. Er lachte laut. An der Nase hatte er viele Falten. Ich wollte auch lachen, aber ich schwieg.

»Olin, ein Tscheche!« sprach der Russe laut für sich. »Oldrich«, sagte ich, damit er ein wenig ernster würde. Der Russe hörte nicht auf zu lachen, griff in seine Tasche und nahm ein kleines Glasfläschchen heraus. Es sah wie ein kleines Reagenzglas aus, aber es war nicht größer als ein kleiner Ball. Es war nur ein wenig runder.

»Olin, du bist ein Tscheche, nimm!« Er lachte laut. Ich hielt einen rätselhaften Gegenstand in der Hand. Es konnte auch eine kleine Birne für Taschenlampen sein. Aber sie hatte kein Messinggewinde zum Schrauben, sie war ganz aus Glas.

Er lachte laut und begriff, daß ich nicht wußte, wozu das gut war. Er warf mich durch eine leichte Berührung seiner Hand erneut nieder. Er hätte in seiner freien Zeit besser mit einem Ochsen ringen sollen. Ehe ich mich versah, steckte er mir die Birne in die Nase. In ein Nasenloch. Meine Nase war durch die Schlägerei in dem Wald wund, es war kein schönes Gefühl, als er mir das Röhrchen in die Nase steckte. Die Russen haben furchtbare Gewohnheiten! Aber der Soldat nahm schon einen Spiegel aus der Tasche heraus. Es war eine abgebrochene, kleine Scherbe, ringsherum abgeschabt; eigentlich war die Spiegelfläche in der Mitte nur ungefähr zwei Quadratzentimeter groß. Ich sah, daß ich an der Nase eine Blase hatte, als wenn ich Schnupfen hätte, und die Nase lief. Aber es war eine falsche Blase! Der Russe lachte, bis er blau wurde. Unsere Gesichter waren nahe beieinander. Wir lagen auf dem Hohlwegrand, zwischen dem Gras und den Ausläufern der Dornensträucher. Ich mußte auch darüber lachen. Niemals hätte ich gedacht, daß man mit Russen so einen Spaß haben kann. Ich sah mit der Blase aus, als wenn ich von Haus zu Haus ziehen könnte, um die Kinder zum Lachen zu bringen.

Ich hörte mich, wie ich trotz meiner Trauer laut lachte. Es war der lustigste Soldat, dem ich je begegnet bin. Ich versuchte, den Blödsinn in das andere Nasenloch zu stecken. Auf einmal war es sehr ruhig. Es gab keine Schießerei mehr.

»Gehört sie mir?« fragte ich den Russen. Ich wollte wissen, ob ich die Blase behalten dürfe.

»Da«, sagte er. Ich begriff, daß »da« auf russisch ja bedeutet.

»Da?« Ich sprach das erste russische Wort in meinem Leben aus.

Vom Kirchturm war ein scharfer Pfiff zu hören. Der Russe erhob sich aus dem Gras. Er stand am Rande des Ackers wie ein Bauer in Friedenszeiten. Das Signal war wieder zu hören und eine Garbe aus dem Maschinengewehr.

Vasilej sprang auf ein Pferd; ich bemerkte kaum, wie er eigentlich auf das mittlere Pferd gelangt war. Er saß stolz im Sattel, wie ein ungarischer Baron. Er konnte reiten. Er machte keine großen Umstände, seine Knie drückte er dem Braunen in die Flanken und ritt den Abhang direkt hinauf. Dort blieb er für einen Augenblick stehen. Er pfiff, wenn er das Pferd zum Stehen bringen wollte oder wenn er ihm den Befehl zum Weiterlaufen gab. Jedesmal klang sein Pfiff anders. »Komm her!« sagte er. Er winkte mir zu.

Ich machte schnelle Fortschritte in Russisch. Es war mir klar, daß er mich rief. Er nahm aus der schäbigen Ledertasche ein Stück Brot und fast einen halben Meter Speck heraus. »Nimm«, sagte er. Er warf es mir in die Arme. »Nimm, nimm!« Die blöde Blase hatte ich immer noch in der Nase. Ich mußte vor ihm, meinem Befreier, wie ein Ochse aussehen.

Der Russe ritt wieder los. Er jagte das Pferd quer über den Acker zur Kirche. Er saß nicht, sondern stand fast im Sattel und schrie aus vollem Hals zum Steinturm: »Hier ist schon die Tschechei!! !« Er rief es jemandem in der Kirche zu. Ich versuchte zu erkennen, wer dort war, aber erst nach einer Weile sah ich die Gestalten der anderen Russen. Es schien mir, als ob es acht Russen waren. Vasilej hatte auf ihre Pferde aufgepaßt. Er schrie ständig, offensichtlich machte es ihm Spaß: »Hier ist schon die Tschechei!!«
Ich begann, hinter ihm herzulaufen; die Blase fiel mir aus dem Nasenloch heraus, fast hätte ich sie zertreten. Ich säuberte sie und steckte sie in die Tasche. In einer Hand hatte ich das Brot, in der anderen den Speck. Ich stolperte über das Feld, Isa lief hinter mir her und bellte wie verrückt; ich lief in den Spuren der neun Vollblutpferde. Ihre festen Rücken, ihre langen Beine und ihre Samtnacken gingen mir nicht aus dem Kopf. Er brauchte mir weder die Blase noch Speck noch das Brot zu geben, ich wollte lieber ein Pferd. Vielleicht legte er die Blase zu.
Ich kam zur Kirche, als schon alles vorbei war. Neun Reiter auf neun Pferden ritten gerade um die Friedhofsmauer, die Soldaten ritten den Abhang hinunter. Ich legte das Brot und den Speck auf die Erde, kroch die Friedhofsmauer hinauf, um ihnen nachzusehen. Ich wollte wissen, wohin sie so schnell ritten. Sie ritten zum Gut. Es schien mir, als wären auch dort viele Pferde zu sehen. Ich atmete kaum vor Erregung. Wenn ich nun doch von ihnen ein Pferd geschenkt bekam? Oder wenn ich ihnen ein Pferd, wo sie doch so viele...?
Die zweite Möglichkeit gefiel mir nicht; sie kamen aus Moskau nach Mähren, und ich überlegte, wie ich ihnen ein Pferd stehlen könnte. Aber ich sah mich für eine einzige Sekunde, wie ich eines schönen Tages auf einem Pferd zu unserem Haus

geritten kam und acht weitere hinter mir herführte. Nein, vier Pferde könnten genügen, berichtigte ich meinen Traum. Es würden auch zwei Pferde genügen, setzte ich die Zahl herab. Ach, ich wollte wenigstens mit einem Pferd ankommen. Es mußte aber so stark sein, wie es unsere Julina war. Es könnte auch noch ein wenig stärker sein. Es gibt viele Pferdearten. Ich würde das größte, stärkste und schönste Pferd nach Hause bringen. Gelassen würde ich ans Tor klopfen. Vater würde herauskommen, und die Augen würden ihm herausfallen. Ich hätte ihm vorgeführt, was für Hufe und Zähne das Pferd hat. Weit wahrscheinlicher ist aber die Vorstellung, daß mein Vater nach meiner Rückkehr ganz andere Dinge mit mir aufführen wird. Schon jetzt schmerzten einige Stellen an meinem Körper.

Ich stehe mit leeren Händen auf der Friedhofsmauer. Ich sehe die Soldaten nicht mehr. Es ist möglich, daß gleich die Sonne untergeht. Aber es wird noch lange nicht dunkel. Erst jetzt drehe ich mich zur Kirche um. Aus dem Fenster oben im Kirchturm steigt Rauch oder eine Staubwolke empor. Etwas ist dort passiert, vielleicht brennt es. Die Mauer ist an vielen Stellen durch die Schüsse beschädigt worden. Auch die schönen Farbfenster sind zerstört. Ich springe von der Mauer herunter.

Gleich unter mir kreuzen sich zwei Straßen, die eine führt zum Gut und die andere zum Dorf. Ich überlege. Dann gehe ich in die gleiche Richtung, die die Russen eingeschlagen haben. Ich habe gar keine andere Möglichkeit, wenn ich noch einmal nach Hause zurückkehren will.

Obwohl mein Geburtshaus mir wie ein kleines Gefängnis vorkam, wollte ich zurückkehren. In diesem Augenblick erschien es mir nicht so schwierig, irgendwo ein Pferd zu bekommen. Ich ging auf die Linden zu, zu dem Weidengebüsch, zu den großen roten Dächern des Gutes.

Isa springt an mir hoch, um den Speck, den ich in der Hand halte, zu schnappen. Ich habe den Arm hochgehoben, damit sie ihn nicht erreicht. Dann bleibe ich stehen, das Brot klemme ich zwischen die Knie, damit ich die Hände frei habe, nehme das Messer heraus, rieche am Speck und schneide eine Scheibe ab. Ich schneide auch für die Hündin eine Scheibe ab. Das Brot sieht aus wie ein Ziegelstein, und es ist auch genauso hart. Ich schaue nach unten zu der Linde. Es ist meine Linde, auf die ich immer klettere. Immer noch sind Schüsse zu hören. Die Sonne ist schon untergegangen. Am Himmel sind einige Lichtstreifen übriggeblieben. Es wäre ein hübscher Abend, wenn es keinen Krieg gäbe. Ich stolpere über irgendeinen Draht, der im Gras liegt, und vergesse zu kauen.
Ich schaue mich um und sehe niemanden. Die Trommel ist aus Eisen und mit Riemen versehen, damit man sie auf dem Rükken tragen kann. Ich bückte mich und berührte den Ring. Er drehte sich ganz leicht. Das Stück Draht, das im Gras lag, begann sich aufzurollen. Es war ein guter Isolierdraht. Selbstverständlich fiel mir nicht ein, die Trommel mit so gutem Draht hier ohne weiteres liegen zu lassen, damit irgendein Idiot ihn wegnahm. Die Trommel war sehr schwer, ich konnte sie kaum tragen. Ganz in der Nähe wuchsen Heckenrosen, die unten undurchdringlich waren, so daß man kaum hindurchsehen konnte. Ich wurde ein wenig zerkratzt, als ich die Trommel hinschleppte. Dann habe ich die Stelle gekennzeichnet. Ich habe drei Steine übereinandergeschichtet und einen Ast in die Erde gesteckt, damit ich die Stelle später nicht zu lange zu suchen brauchte. Dann ging ich weiter auf die Linde zu.
Komisch, ich brauchte diesmal keinen zweiten Anlauf zu neh-

men, um sie zu erklettern. Ich erkletterte die Linde, als wenn es nichts wäre. Ich wunderte mich eigentlich erst darüber, als ich schon oben war. Ich kletterte bis in die Spitze und blieb auf den dicken Zweigen sitzen. Es war eine Astgabel. Auf einem Zweig konnte ich sitzen und auf dem anderen die Beine ausstrecken. Ich aß und warf auch Isa einige Stückchen herunter. Ihre Nase war wie ein Radargerät – wenn es sich um Speck handelte. Ich konnte ihr die abgeschnittenen Stücke entweder direkt vor die Nase oder ruhig ein wenig weiter werfen, sie fand sie auf Anhieb.

»Du hast schon genug bekommen«, sage ich zu Isa unter dem Baum. Sie ist wild auf den Speck.

»Du kannst dir eine Maus fangen!«

Erst jetzt klettere ich ganz nach oben, in die Krone der Linde. Plötzlich höre ich den lautesten Krach meines Lebens. Unwillkürlich drücke ich mich näher an den Baumstamm. Ich drehe den Kopf. Die Kirche ist getroffen! Bis oben in die Gesimse. Verputz und Ziegelsteine fallen herunter, und Qualm und Staub steigen hoch bis zur Glocke. Der Himmel ist wieder voll Tauben.

Schnell klettere ich die Linde herunter, in der Astgabel vergesse ich den Speck; deshalb muß ich noch einmal hochsteigen. Dann springe ich neben Isa ins Gras. Ich fasse die Hündin ans Halsband und streichle ihr den Kopf, damit sie bei mir bleibt. Ich weiß nicht, wer ständig farbige Leuchtkugeln zum Himmel schießt. Wieder hört man von irgendwo anhaltendes Donnern, als wenn ein Zug durch einen Tunnel fährt. Dann endlich entscheide ich mich, welche Richtung ich einschlage. Gleich hinter dem Gebüsch liegen weitere drei Trommeln des Isolierdrahtes. Worüber man damals bei Kriegsende in der Natur alles stolperte! Ich laufe an elektrischen Masten vorbei zu den Weiden. Die Drähte sind natürlich gerissen und liegen

auf dem Weg. Ich springe über sie hinweg oder umgehe sie. Ich habe Angst vor den Drähten. Zwei Masten sind umgeworfen. Der Weg ist mit Löchern und einer ganzen Reihe von Kratern übersät.
Das überrascht mich sehr. Die Krater waren gestern noch nicht da. Ich hebe ein Stück Eisen auf; es ist Teil einer Granate oder Mine und hat scharfe Kanten. Ich probiere auf dem Handrücken aus, wie scharf sie sind. Ich will es in die Hosentasche stecken, aber es hätte mir die Tasche zerrissen. So stecke ich den Speck hinten ins Hemd, trage ihn auf dem nackten Körper und den Splitter in der Hand. Ich laufe am Schilf vorbei zu den Weiden. Wieder kracht es irgendwo. Ich bin aber schon im Reisig und dränge mich zu der bewußten Stelle durch. Ich blicke mich ungeduldig um, glaube schon, daß jemand das Motorrad gestohlen hat. Aber dann stehe ich plötzlich direkt davor. Erst jetzt atme ich auf. Ich gehe um die Maschine herum und betrachte sie zunächst nur. Alles liegt hier so, wie sie es zurückgelassen haben. Auch die Hüte, welche die drei Deutschen erst aufsetzen wollten, liegen da. Ich trete mit dem Fuß gegen einen Hut, und er fliegt in hohem Bogen durch die Luft. Isa apportiert sofort und legt den Hut vor meine Füße. Sie glaubt, daß ich mit ihr spiele. Auch ein Maschinengewehr liegt hier und der Haufen Lumpen, den sie ausgezogen haben. Ich betrachte das Motorrad und den Seitenwagen näher, lege den Minensplitter auf die Erde, betaste vorsichtig den Lenker, trete aufs Trittbrett, schwinge das andere Bein hinüber und setze mich behutsam auf den Ledersattel. Ich habe irgend etwas berührt, die Hupe ertönt. Ich zucke zusammen, als hätte mich eine Schlange gebissen. Fast wäre ich vom Motorrad gefallen. Ich sitze einen Augenblick wie versteinert. Aber das Dickicht ist leer. Ich probiere mit der Hand, ob der Seitenwagen federt. Er interessiert mich beson-

ders. Ich klettere vom Motorrad in den Seitenwagen hinüber. Er hat einen bequemen Sitz. Etwas stört mich unter dem Hintern. Ich taste, worauf ich sitze, und schaue es mir einen Augenblick an. Es ist eine kleine Blechwalze an einem Stock. Ich vermute, daß es eine Granate ist. Ich lege sie vorsichtig neben den Seitenwagen. Auch an den Beinen fühle ich eine Blechschachtel. Ich ziehe sie hervor. Es sind Patronengürtel darin. Ich stehe auf und hebe den gesteppten Federsitz des Seitenwagens hoch. Man kann ihn abnehmen. Ich schüttle die Erde und den Dreck ab und lege ihn wieder an Ort und Stelle.
Ich feuchte einen Finger mit Spucke an und wische an einer Stelle einen schmutzigen Streifen ab. Dann setze ich mich wieder auf den Sitz. Die Füße stemme ich vorne gegen den Boden und halte mich mit beiden Händen an der Chromleiste. Es müßte Freude machen, auf einer solchen Maschine das Masaryk-Rennen zu fahren! Aber in meiner Vorstellung sitze ich im Seitenwagen, und hinter dem Lenker sitzt keiner. So kann man nicht fahren. Während der Fahrt, von der ich träume, steige ich aus dem Seitenwagen auf die Maschine über... Hinter dem Lenker zu sitzen, ist selbstverständlich besser als im Seitenwagen. Wenn ich die Zehen strecke, erreiche ich das Trittbrett. Ich passe auf, daß ich nicht wieder die Hupe berühre. Auf der Erde vor dem Vorderrad liegt eine Motorradbrille. Sie hat hinten einen Gummiriemen. Sie ist schwarz. Ich nehme sie und setze sie auf; mein Kopf könnte doppelt so dick sein. Ich bin immer noch im Dickicht, aber im Geiste fahre ich schon mit aufgestülpter Brille in unser Dorf. Ich könnte auch nach Rosice fahren, auf den Dorfplatz, vor das Geschäft FR. NEBOZES, AUTO – MOTO – VELO. Er würde mich schon erwarten. Er würde aus dem Laden kommen, um sich das Motorrad anzusehen. Dann würde er unter das Hemd greifen, um einen Packen Geld hervorzuziehen. Ungefähr ein Ki-

logramm Banknoten. Ich würde sie dem Vater geben. Wir würden uns dann auf dem Pferdemarkt eine neue Stute kaufen. Sie würde Julina ähneln…

Das sind aber nur Wunschträume, und ich sitze hier im Dikkicht. Ich werfe trockenes Holz vom Vorjahr auf das Motorrad. Es gibt hier, hinter dem Ziegelgebäude, genug davon. Ich schinde mich bis zum Umfallen damit ab. Ich will das Motorrad so zudecken, daß man nicht merkt, daß unter dem Reisig etwas versteckt ist. Hinter dem Hügel wird es plötzlich hell. Das Licht erlischt wieder. Es ist schon dämmrig, und eine Rakete leuchtet hell und deutlich. Dann erstrahlt am Himmel eine große Magnesiumkugel; sie sinkt langsam herunter und gibt blendende Helligkeit. Die Landschaft tritt deutlich aus der Dunkelheit hervor.

Das Magnesiumlicht verlöscht, und es ist wieder dunkel. Ich trete aus dem Dickicht. Isa kommt träge hinter mir her. Sie streckt sich und gähnt so laut, daß es mich erschreckt.

»Ruhe!« Ich höre vom Gutshof bis hierher deutlich Wiehern von Pferden und Hufschlag. Ich kann mich aber nicht konzentrieren. Ich muß schnell ins Gebüsch, und noch im Laufen lasse ich die Hose herunter.

Wenn ich mich niederhocke, habe ich über meinem Kopf die Weidenruten und das All. Auch die Milchstraße ist zu sehen. Plötzlich ist es ganz ruhig. Es fällt kein einziger Schuß.

»Isa!« rufe ich leise aus dem Gebüsch. »Isa!«

Sie kommt. Ich will sie jetzt bei mir haben. Ich habe keine Angst, aber die Sträucher haben gegen den Himmel besondere, phantastische Formen und Schatten. Sie sind wie Menschengestalten. Ich hocke in der Kniebeuge. Die Hose hängt mir auf den Füßen. Isa steht vor mir, und ich halte sie mit beiden Händen am Nackenfell fest.

Dann bekomme ich tatsächlich etwas Angst. Ein wenig nur.

Eine Wolke schiebt sich vor die Sterne; sie bedeckt den ganzen Himmel, und das Licht verschwindet aus der Welt. Ich taste mich durch die Schwärze, gehe zwei Schritte vor und bleibe stehen.

Die Nacht hat auch ihre Töne; das Gras wächst und der Tau fällt. Ich wüßte gerne, was hier ständig so raschelt. Isa halte ich am Halsband fest. Ich drücke sie fest an meinen Körper, damit ich sie fühle, das Aas. Es ist mir lieber, wenn sie bei mir ist. »Hab keine Angst«, rede ich ihr zu, damit ich meine Stimme höre.

Die Hündin hat keine Angst. Sie gähnt laut und reißt dabei das Maul auf. Ihr Maul ist riesig. Dazu klappert sie noch mit den Zähnen. Wer jemals einen Hund in der Nacht gähnen hörte, wenn alles still ist, der weiß, was das für ein schrecklicher Laut ist. Es klingt, als wenn jemand direkt hinter einem stünde.

Wieder mache ich ein paar Schritte.

»Leg dich doch hin und schlaf!« sage ich.

Selbstverständlich habe ich das nur so gesagt. Ich hab es nur ironisch gemeint. Sie hat sich aber sofort hingelegt. Manche Befehle kennt sie scheinbar sogar in fremden Sprachen. Sie legt sich direkt auf meine Füße. »Steh auf!«

Man könnte wegen ihrer Intelligenz verrückt werden. Ich höre meinen Atem in der Dunkelheit. Ich weiß nicht genau, wo ich bin. Die Nacht verändert die Landschaft. Ich ziehe Isa am Halsband, damit sie sich wieder hinstellt. Meine Augen suchen alle verdächtigen Gegenstände um uns herum ab. Die Sträucher haben Menschengestalt. Eine Rakete zischt in die Luft. Das erleichtert mich fast. Das Licht zerfällt in hundert Funken. Jetzt sind die Sträucher deutlich zu sehen. Ich sehe einen Knüppel auf der Erde, den kann ich gebrauchen.

»Knurr nicht!« sage ich zu der Hündin. »Der ist nicht für dich!«
Gleich darauf stolpere ich über den Stock. Irgendwo sind vereinzelte Schüsse zu hören, und es hört sich an wie das langsame Klopfen eines Baumspechtes. Ich breche von dem Stock einen überflüssigen Ast ab. Bewaffnet fühle ich mich sicherer. Ich sehe zu den Schatten hinüber, die wie vier männliche Gestalten aussehen.
»Das ist niemand«, sage ich zu Isa. »Das sind Bäume.«
Ich ertaste unter meinen Füßen einen Klumpen Erde und werfe ihn in die Dunkelheit. Ich werfe ihn in die Richtung der Schatten. Man hört dünne Äste knacken, ein Rebhuhn fliegt hoch.
»Ein Rebhuhn«, beruhige ich die Hündin. »Keine Angst, das ist nur ein Rebhuhn.«
Der Klang meiner Stimme beruhigt mich. Ich fange an, leise zu pfeifen, aber nur einen Augenblick. Ich versuche ständig, die Richtung zum Gut einzuhalten. Auf einmal ist hier ein Weg, und ich glaube, daß hier gar kein Weg sein dürfte.
Ich bleibe stehen und drehe mich in der Dunkelheit um. Der Hohlweg verwirrt mich sehr.
Isa fängt an, leise zu knurren. »Laß das!« Ich habe keine Zeit, mich mit ihr zu unterhalten. Sie will nicht einen einzigen Schritt tun, ich muß sie am Halsband weiterzerren.
»Wovor hast du denn Angst?« Ich schaue mich um. Ich sehe nichts, weil es nichts zu sehen gibt.
»Davor hast du Angst?« Ich zeige auf eine schwarze Stelle zwischen den schwarzen Bäumen.
Die Hündin hört nicht auf, leise zu knurren. »Ich wüßte nicht, wer hier was zu suchen hat!« Ich spreche aber ein wenig leiser. Sie macht mich irre. Ich hebe erneut einen Klumpen auf und werfe ihn dorthin und ducke mich dabei. Dann höre

ich wieder das beruhigende Geräusch der durch die Äste rieselnden Erde – nichts anderes.
Ich nehme einen Strick aus der Tasche. Isa wird angebunden, damit sie nicht wegläuft. Ich habe schlechte Erfahrungen mit ihr gemacht. Ich will auf einen Baum klettern. Damit ich von oben etwas sehe, wenn ich schon von unten nichts sehen kann. Damit ich ein Licht sehe, wie im Märchen. Aber Isa dürfte nicht so blöd sein! Als ich anfange, den Baum zu erklettern, fängt sie laut an zu knurren. Ich habe noch nicht einmal den ersten Ast erreicht. Wütend fauche ich sie an, sie soll ihr Maul halten. Sie regt mich auf. Ich komme herunter und beschwichtige sie wie ein Baby. Mit Isa kann man mehr im Guten als im Bösen erreichen. Ich fange wieder an zu klettern. Für eine Sekunde ist sie ruhig.
Ich strecke meine Hand aus, damit ich mich auf den zweiten Ast hochziehen kann; Isa bellt leise auf.
»Ruhe! Oder ich schlage dich tot!« sage ich freundlich zu der Hündin. Ich balanciere in den Ästen. Sie fängt an zu bellen, wie verrückt. Ich falle herunter. Sie hat so gebellt, daß ich das Gleichgewicht verloren habe. Sobald ich auf der Erde lande, hört sie auf zu bellen. Jetzt knurrt sie gnädig. Ich habe mir so das Steißbein gestoßen, daß mir alles weh tut. Ich stehe auf und trete mit dem Fuß nach ihr; sie faßt es als Spiel auf. Als ich den Strick abbinde, versucht Isa, mein Gesicht abzulekken. Für einen Augenblick reißt die Wolkendecke auf, und die Umgebung wird sichtbar. Am Himmel sind keine Sterne zu sehen. Ich weiß schon, wie ich zum Gut komme. Ich habe mich kaum verirrt. Isa muß ich hinter mir herziehen. Sie will nicht. Die Raketen starten immer von der gleichen Stelle aus. Ich gehe weiter und beobachte die Lichtstreifen am Himmel; es hätte mich interessiert, ob es die Deutschen oder die Russen sind. Ich falle bis zum Bauch in ein Erdloch. Isa reißt sich

selbstverständlich los und bleibt an dem Loch stehen. Natürlich mußte sie es gesehen haben, weil der Hundeinstinkt in der Dunkelheit viel zuverlässiger ist. Das ganze Feld ist übersät mit Baumlöchern.

Ich krieche heraus. »Das sind Löcher für neue Bäume«, erkläre ich der Hündin überflüssigerweise. Wieder ist der Himmel blau, ohne Raketen. »Husarek wird hier neue Apfelbäume pflanzen. Aber er wird sie erst nach Kriegsende pflanzen«, erläutere ich.

Erneut bücke ich mich nach einem Stück Erde. Ich will es nach dem nahen Baumschatten werfen. Isa knurrt wieder. Die Schatten sehen fast wie Sträucher aus. Es werden immer mehr und mehr. Ich hole schon aus. Aber ich werfe nicht.

Der Himmel erglüht wieder im Magnesiumlicht. Es ist eine besonders helleuchtende Rakete. Ich werfe mich sofort zu Boden. Vor mir, am Ende des Feldes – Soldaten! Es sind die Deutschen. Vom Fluß her sind wieder Schüsse zu hören. Ihre Stahlhelme sind mit Netzen umflochten, darin stecken kleine Zweige. Sie verschmelzen mit den Sträuchern im Hintergrund. Ich sehe sie aber ganz deutlich; sie sind hellgrau und die Sträucher hinter ihnen dunkel. Sie gehen im Gänsemarsch aufwärts zur Kirche. Ich zähle sie nicht und ducke mich mit Isa hinter irgendeinen Haufen. Das Licht erlischt plötzlich, als ob es abgeschnitten wäre. Die Deutschen gehen ganz nahe an mir vorbei. Ich höre deutlich ihre schweren Schritte und ihren Atem. Ab und zu klirrt die Ausrüstung. Dann sehe ich die Silhouetten der Männer gegen den Himmel. Sie halten fast gleichen Abstand.

Die ganze Zeit, in der sie in unserer Nähe sind, halte ich Isa die Nase zu. Sie tobt immer am meisten, wenn sie ruhig sein soll. Sie weiß gar nicht, daß es um unser Leben geht. Ich sehe die Soldaten nicht mehr und höre sie auch nicht. Vielleicht habe ich das nur geträumt, und sie waren überhaupt nicht hier. Die Landschaft in der gelben, fahlen Beleuchtung wirkt nun kahl. Ich lausche. Ich höre nichts mehr. Erst jetzt wird mir bewußt, worauf ich liege. Ich ahne es fast. Es ist nicht etwa ein Haufen Erde. Vor Schreck verliert man sogar den Geruchssinn. Im April gibt es bei uns auf den Feldern nicht nur Baumlöcher, sondern auch Misthaufen. Ich reinige meine Hände mit Gras und Erde. Der abgestandene Frühjahrsmist stinkt am meisten. Ich halte Isa fest, damit sie mir nicht wegläuft. Sie ist unruhig, und ich weiß nicht, was sie hat.

Auf einmal sehe ich, daß ich nur ein wenig vom Schober des Gutes entfernt bin. Es gibt Millionen von Sternen. Der Mond ist aufgegangen. Die Landschaft ist plötzlich weiß. Wenn ich etwas sehen kann, dann habe ich auch keine Angst. Der Gutshof wirkt auf den ersten Blick wie ausgestorben, man sieht nur Mauern und Dächer. Nirgendwo eine Bewegung. Waren dort überhaupt Pferde?

Ich kann die Koppel von hier aus nicht erkennen. Sie liegt hinter den dichtbelaubten Bäumen. Ich lenke meine Schritte zum Schober. Ich gehe sehr langsam. Isa ist ständig bei Fuß. Wir gehen Schritt um Schritt. Vom Schober aus werde ich sehen, was los ist.

Jetzt stehe ich am Schober. Ich kann vom Gutshof immer noch nichts erkennen. Ich gehe um das Stroh herum, damit ich nicht darin herumzutrampeln brauche. Der Gebäudekomplex sieht tatsächlich verlassen aus.

Aber ich höre Laute; es klingt wie Wasserpumpen, mit Stimmen vermischt. Wenn ich stehenbleibe und angestrengt lausche, höre ich auch das Klirren der Zaumzeuge. »Bleibst du hier sitzen?« frage ich Isa leise.

Ich prüfe, auf welcher Schoberseite man am besten hochklettern kann. Irgendwo in der Dunkelheit über meinem Kopf fliegt ein Flugzeug. »Wirst du hier warten und nicht toben?« Die Hündin macht ein scheinheiliges Gesicht. Ich fange an hochzuklettern und schaue mich mißtrauisch nach Isa um. Sie sitzt dort, wo ich es ihr befohlen habe. Der Lärm des Flugzeuges ist jetzt stärker.

Die Nacht ist heller geworden. Wenn ich zum tintenschwarzen Himmel hochsehe, erkenne ich die ziehenden Wolken, die der Wind auseinandertreibt. Auf dem Schober herrscht Windstille. Zuerst sehe ich die Soldaten in dem Dachfenster, weil dort ein gelockerter Dachziegel ein Geräusch macht. Ich sehe sie undeutlich, schemenhaft. Es sind drei oder vier Mann, und sie haben irgendeine Waffe. Ich glaube, daß es ein Maschinengewehr ist. Sie haben die gleichen Fellmützen wie der Kosak an der Kirche. Es sind die Russen. Ich klettere noch höher und sehe sie auch schon vor dem Tor. Ihre Beschäftigung verwundert mich; sie haben ihre Hemden ausgezogen und graben vor dem Tor Löcher. Sie graben in Richtung zum Wald. Sie stechen die Erde eilig aus und reden nicht dabei. Jetzt erkenne ich das Eigenartige ihrer Arbeit: Das riesige Tor des Gutshofes ist für die Russen geschlossen, da untergraben sie es. Sie graben einen Gang unter dem Tor durch und tauchen auf der anderen Seite wie aus dem Boden gestampft wieder auf. Sie wechseln sich bei der Arbeit ab.

Ich höre immer noch Wasserpumpen vom Hof her. Um über die Dächer sehen zu können, muß ich mich aufrichten und noch auf die höchste Stelle des Schobers klettern. Auf dem Hof wimmelt es von Soldaten. Einhundert, vielleicht noch mehr, drängen sich rings um die Wasserpumpe; sie haben sich ausgezogen, und manche sind sogar ganz nackt. Ihre Körper sind weiß. Sie waschen sich. Der Himmel wird erneut durch Magnesium erhellt. Es ist möglich, daß das Flugzeug die Leuchtkugeln abschießt. Alle auf dem Hof laufen unter die

Dächer, jeder nimmt den kürzesten Weg. Ich sehe in dem Licht, daß sie tatsächlich nackt sind. Einige halten die Hände vor sich. Die Situation kommt ihnen komisch vor, sie lachen. Von meinem Standort kann ich unter dem Dach des Schuppens ihre Waffen, Gewehre und Sättel erkennen. Ich wühle mich mit meinem ganzen Körper in das Stroh ein. Aber ich kann noch nach unten sehen. Die Russen am Dachfenster haben den Deckel zugezogen. Die Soldaten vor dem Tor liegen auf dem Bauch wie tot. Einer von ihnen bewegt sich und gleitet in den Graben hinein; die grünlich glühende Kugel geht am Wald nieder; sie dreht sich noch einmal in der Luft und platzt auseinander. Der Hof ist bis in die letzten Winkel erhellt. Auf der Holzbank liegen die russischen Uniformen. Ich schaue mich um, wo sie ihre Pferde haben. Wo können sie sie bloß haben...? Ich richte mich langsam auf. Für das Flugzeug habe ich keinen Sinn mehr. Die Pferde haben sie ganz hinten, ich sehe sie schon; sie stehen unter den dichtbelaubten Bäumen. Der Garten ist dort so dicht, daß sie wie unter einem Dach stehen. Ich müßte das ganze Gut umgehen, um zu ihnen zu gelangen.

Aus dem Wald steigen mehrere Signalraketen hoch; rote, weiße, wieder rote und blaue. Auch das Flugzeug oben schießt eine rote und eine weiße Rakete ab. Das Magnesium erlischt. Ich werfe mich wieder ins Stroh. Einen Meter von mir entfernt fängt ein Maschinengewehr an zu rattern; es scheint mir jedenfalls, daß die Entfernung nur einen Meter ausmacht. Die Russen schießen auf das Flugzeug. Sie schießen aus dem Dachfenster. Es dauert höchstens zweimal zehn Sekunden. Nach den Schüssen herrscht eine atemberaubende Ruhe. Ich drehe mich auf den Rücken und schaue zum Himmel. Ich sehe nichts. Ich höre das Flugzeug; es fliegt so hoch, daß man es nicht sieht. Sie haben es nicht getroffen. Damit hört es auf, interessant zu sein. Ich drehe mich wieder dem Gutshof zu. Aber es passiert nichts mehr; das Maschinengewehr schweigt. Nach einer Sekunde fängt dort eine Stimme fürchterlich an zu brüllen. »Uto strilal? – Wer hat geschossen?« schreit eine Baßstimme.

Jemand läuft wütend die Treppe hoch. Er ist bis hierher zu hören. Er hat ein Organ, daß er bei einer direkten Verbindung mit Moskau auch ohne Telefon auskommen würde.

»Tovariš litinant«, ertönt eine andere, jugendliche Stimme.

»Já chatěl... Ja jevo smatril...«, versucht er zu erklären.

Ich wußte damals nicht, warum er sich entschuldigte. Ich hätte auch auf die Deutschen geschossen.

»Davaj suda!« brüllt der Leutnant weiter.

Ich habe nicht gehört, was er ihm auf tatarisch gesagt hat. Die beiden Stimmen entfernten sich. Es ist aber möglich, daß das alles nicht so laut war, wie es mir zuerst erschien, denn der Schober stand tatsächlich sehr nahe. Entweder hörten sie auf zu schreien, oder sie gingen in den Keller. Es war still. Auch das Flugzeug war nicht mehr zu hören. Wieder reckte ich meinen Hals in Richtung der Pferde. Ich hörte immer noch das Zaumzeug klirren und die Hufe scharren. Es waren die schönsten Geräusche, die ich mir vorstellen konnte. Ich legte mich mit dem Bauch auf die Schoberkante und rutschte vorsichtig herunter. Der Strohstaub reizte meine Nase, ich wollte niesen. Ich hielt meine Nase mit beiden Handflächen zu; fast hätte ich sie zerquetscht. Ich drehte mich nach der Hündin um. »Isa!« sagte ich leise. »Isa!« Sie war fort.

Das gab mir den Rest. Man hängt in manchen Situationen auch an so einem Mistvieh. Ich saß ein Stück vor dem Gut im Gras, eigentlich lag ich hier und stützte mich auf die Ellenbogen. Die Russen gruben immer noch Gänge. Ich wollte nirgendwohin, ich hatte wieder einen weichen Augenblick.

Ich weiß nicht, wie lange ich hier noch geblieben und ob ich schließlich nicht doch nach Hause gegangen wäre, wenn ich nicht einen Igel im Gras gehört hätte. Ich hörte auf zu atmen. Hatte ich ihn links oder rechts gehört? Er wartete ein wenig. Auch er hörte mich. Oder er hatte mich gerochen. Er näherte sich. Er war schon an meinem Bein. Der Krieg ist den Igeln egal. Ich sprang schnell hoch, und aus dem Liegen kam ich auf die Knie. Ich griff nach ihm. Sofort rollte er sich ein. Aber ich packte ihn. Kein Igel ist mir bisher entwischt. Ich lag auf dem Bauch vor dem Igel und pustete in das Knäuel, wo ich seine Nase vermutete. »Ich hab dich!« sagte ich zu ihm. »Du gehörst mir!« Ich zog meine Jacke aus und warf den Igel auf den Stoff. Ich hob ihn wie in einem Tuch hoch. Ich war nicht mehr allein! Wie kann nur eine solche Dummheit einem Menschen Mut machen! Ich begann, mit dem Igel in meiner Jacke das Gut in weitem Bogen zu umgehen. Ich ging fast auf Zehenspitzen, um mich nicht zu verraten. Ich ging selbstverständlich zu der Koppel zwischen den Bäumen. Ich riß eine Handvoll der grünen Luzerne ab und warf sie dem Igel in die Jacke, damit er etwas zu fressen hatte. Dann nahm ich ein Stück Brot aus der Tasche und bröckelte es ihm ebenfalls in die Jacke.
Isa zerreiße ich vor Wut, wenn sie wiederkommt! Ich halte andauernd Ausschau nach ihr. Ich schnalze leise. »Isa!«
Dann denke ich nicht mehr an die Hündin. Ich muß achtgeben, daß die Russen mich nicht sehen. Ich schleiche auf den Zehenspitzen wie ein Indianer. Es ist doch blöd, daß sie die Pferde dort einfach so stehen haben – unbewacht. So verrückt bin ich nicht, das zu glauben. Ich stehe am Rande des Schattens, den die Hecke wirft. Zwischen mir und der Koppel liegt ein Lichtstreifen, der hell und verräterisch ist. Meine Augen schweifen herum; ich suche, wo ein Russe stehen könnte. Ich ahne, daß einer da ist. Aber wo steht er?

Die Schüsse, die immer noch von irgendwo zu hören sind, beachte ich nicht mehr. Es ist möglich, daß der Russe hinter den beiden Bäumen steht, denn der eine Baum berührt fast den anderen.
Die Pferde konnte ich gut sehen. Es war eine ganze Herde; die Koppel war voll von ihnen. Sie standen in Gruppen und bewegten sich in geschlossener Herde. Ich sah auch aus der Entfernung die aufgerichteten Hälse und die geschwungenen Rücken. Zeitweilig liefen sie nervös auseinander; die Hufe klangen gedämpft. Und wieder war es ruhig. Ich hätte sie hundert Jahre anschauen können. Die fortschreitende Nacht war kühl. Ich setzte mich wieder. Ich hielt den Igel in der Jacke, die ich auf die Knie legte, und die Knie zog ich bis unter das Kinn.
Zwischen den Pferden gab es auch mehrere Falben. Sie waren wie Julina. In Gedanken zählte ich, wie viele Pferde in der Koppel sein könnten. Dann schlug die Stalltür zu. Es waren Stimmen zu hören. Ich stand auf. Ich hatte großes Glück, daß ich mich nicht verraten hatte, denn in meiner unmittelbaren Nähe hinter den Sträuchern auf der anderen Seite hörte ich gedämpft: »Litinant!«
»Kuda mu náda?« sagte die andere russische Stimme leise.
»Vypuskajet patrol«, antwortete die erste Stimme.
Sie traten in den Lichtstreifen. Sie trugen die langen Mäntel und hatten Gewehre. Ihre Schuhsohlen mußten aus Watte sein; ich hörte nicht den geringsten Laut. Sie gingen quer hinüber zur Koppel.
Ich atmete erst jetzt auf. Da stand ich nun in der schwarzen Dunkelheit, dicht am Rande der Hecke, in der Morgendämmerung dieser Aprilnacht und sah die beiden Kosaken geräuschlos über den Lichtstreifen gehen.

Ich setzte den Igel ins Gras. In dieser Situation einen Igel in der Jacke zu haben, wäre idiotisch gewesen. Der Igel grunzte vor Wonne und lief ins Gebüsch. Ich beobachtete die Russen ständig. Der Igel hatte meine Jacke beschmutzt, so ein Schwein. Ich mußte die Jacke ausschütteln. Noch nie habe ich gehört, daß auch Igel Durchfall haben können.
Die Kosaken waren schon an der Koppel angelangt. Es waren die beiden Wachtposten und die Soldaten, die aus dem Haus gekommen waren. Igel stinken sehr, wenn sie ihr Geschäft verrichten. Jetzt war die Gelegenheit, den Lichtstreifen des Feldes zu überwinden. Ich rannte wie ein Kaninchen bis zum schwarzen Dickicht. Dann kam ich näher. Ich ging auf Zehenspitzen, geräuschlos, immer im Schatten. Die Koppel war jetzt in meiner Reichweite. Ich habe niemals eine Herde so schöner, ruhiger Pferde gesehen. Manchmal sah es aus, als wenn die Pferde schliefen, aber das taten sie nicht.
Die Soldaten sprachen so leise, daß sie sich gerade noch verständigen konnten. Die Pferde interessierten mich mehr als die Russen. Dennoch erregten sie plötzlich meine Aufmerksamkeit. Ein Soldat hielt einem Pferd das Bein hoch, so, wie man es sonst beim Schmied tut. Ein anderer umwickelte die Hufe mit Lappen. Er band sie mit einer Kattunleinwand fest. Es sah wie eine Bandage aus. Das Pferd hatte jetzt Schuhe an. Aus dem Wald flogen wieder eine rote und eine weiße Rakete hoch. Die Männer hörten für einen Augenblick mit der Arbeit auf und schauten zum Wald. Sie unterhielten sich wieder leise.
Es waren nur die Worte des bärenstarken Kerls, die man deutlich hörte. Sein Kopf war verbunden, und er stützte sich auf einen Stock. Das sah ganz unmilitärisch aus.
»Nestrilat! – Nicht schießen!« sagte er zu den Soldaten, die sich für die Patrouille vorbereiteten. »Smotrit! – Nur nachse-

hen!« Er hustete rasselnd. »Poňjatno? – Verstanden?« fragte er sie.
Es waren vier, außer den beiden Wachtposten; ich konnte sie leicht zählen.
Alle waren groß, stark und jung. Sie gähnten respektlos. Sie wollten schlafen. Ich beobachtete die Soldaten und fühlte, daß der Wald ihre Aufmerksamkeit fesselte. Wieder flogen Raketen hoch. Jetzt aber lachten die Kosaken leise. Ich sah deutlich, wie sich der Jüngste eine der Karnevalsmasken auf das Gesicht gesetzt hatte, von denen es in Singers Haus genug gab. Es war eine seidene Maske mit Naturhaar; sie gehörte zu einem Prinzessinnen-Kostüm, und das Haar hing bis auf die Schultern. Auch der Leutnant lachte. Die Pferde fingen an zu scheuen, so steckte er die Maske unter den schwarzen Reitermantel. Die Mäntel hingen den Kosaken um die Schultern. Die Säbel klatschten an die weichen Stiefel. Die Reiter hatten Maschinenpistolen. Die Wachtposten öffneten schon die Koppel. Die Männer sprangen so schnell auf die Pferde, daß ich gar nicht wußte, wie sie das gemacht hatten. Der Leutnant sprach ständig mit ihnen, und sie antworteten brummend. Die Pferde gingen ganz geräuschlos; nichts klirrte und raschelte an diesen vier Reitern. Sie waren nicht aus dem Schatten hervorgekommen, sie ritten um das Licht herum, einer hinter dem anderen im Abstand von zwei Pferdelängen. Der letzte drehte sich jetzt dem Leutnant zu. Es war wieder der Jüngste. Er setzte sich erneut die Maske der Prinzessin aufs Gesicht. Der Leutnant drohte ihm mit dem Stock. Wieder ganz unmilitärisch.
Der Junge holte aber die anderen drei Reiter bald ein. Sie verschwanden im Dickicht und ritten sicher zum Wald, aus dem immer noch die Raketen in den Himmel geschossen wurden.

Wichtiger aber ist, wenigstens für mich, daß die Wachtposten mit dem Leutnant weggehen. Er humpelt und stützt sich auf seinen Stock. Sie gehen bis zu der Kalkecke des Gutshofes. Irgendwo in der Ferne ist Kanonendonner zu hören. Er hört sich aber schwach und hohl an. Es fehlen mir von meinem Versteck höchstens zehn Schritte bis zur Koppel. Ich messe die Entfernung bis zu den Stangen. Eins, zwei, drei! zähle ich in Gedanken. Ich entschließe mich. Ich laufe los. Ich bin schon beim Pfeiler. Ich krieche blitzschnell hindurch. Donnerwetter, irgend etwas reißt an dem Ast. Die Stange, die ich berührt habe, vibriert und scheppert wie eine Geigensaite. Ich bleibe stehen und wage kaum zu atmen. Es passiert nichts. Dann bin ich schon zwischen den Pferden. Wenn ich zwei Schritte mache und die Hand ausstrecke, kann ich anfassen, welches Pferd ich will. Sie verhalten sich leise, denn ein Pferd ist weder ein Ochs noch eine Kuh. Einige große Köpfe drehen sich zu mir. Ich schnalze ihnen leise zu. Ich verliere mich ganz zwischen ihren Körpern und nehme ihre Nähe wahr, sie fühlen meine Anwesenheit. Die Nacht ist plötzlich sehr schön für mich. Ich habe keine Angst vor Pferden. Die Tiere, die nahe bei mir stehen, berühren mich mit ihren weichen Nasen. Sie tun es sehr neugierig, denn Pferde sind nun mal neugierig.
Ein Pferd hebt das Bein, mit dem es nicht auftreten kann. Ich schnalze ihm zu. Ich sage zu ihm: »Lucka!« Ich weiß, daß es nicht so heißt; ich glaube aber, daß es froh ist, weil ich es angesprochen habe. Ich streichle es. Seine Mähne ist sehr lang, und es hat glänzende, schwarze Augen. Ich gehe weiter. Sie gehen auseinander, damit ich durchkomme. Ich schnalze ihnen allen leise zu, aber mit den Augen suche ich immer den Falben, den ich bereits von den Sträuchern her gesehen habe. Ich suche das Pferd, das Julina ähnelt. Nun

erschrecke ich doch einige Pferde; sie laufen auseinander, und die ganze Koppel gerät in Bewegung. Ich bleibe stehen.
Dann beruhigt sich alles wieder. Die Nacht ist wieder still. Das Licht gleitet die Rücken der Pferde entlang. Die Dächer der Gebäude leuchten, als wenn sie aus Kupfer wären. Endlich sehe ich den Falben. Er steht an der Ziegelmauer. Ich gehe an mehreren Pferden vorbei, stehe schon vor ihm. Er ähnelt Julina in der Größe, Breite und Farbe. Ich vergleiche und gehe herum. Auch seine Mähne ähnelt der Julinas. Auch bei ihm hängt sie wie ein schwerer Vorhang herunter. Der Roßhaarschwanz reicht bis zur Erde. Er hat nur einen anderen Ausdruck, er scheint weniger intelligent zu sein. Das schadet bei einem Pferd nicht. Das Wichtigste fällt mir ein: Was ist er, eine Stute, ein Wallach? Ich kann die Kleinigkeiten nicht erkennen. Auch wenn ich mich beeile, ihm unter den Bauch zu sehen. Das Pferd steht an der dunkelsten Stelle, wo der dichte Mauerschatten liegt.
»Geh«, sage ich ihm leise. »Bewege dich. Zwei Schritte!«
Es verspürt gar keine Lust dazu; ich klatsche das Pferd ein wenig und schiebe es mit aller Kraft zu einer helleren Stelle, bis es sich von selbst bewegt. Es ist etwas phlegmatisch, so sieht es wenigstens aus. Wieder gerät eine ganze Pferdegruppe in Bewegung; es sind sehr viele auf einem Haufen. Dann ist ein Maschinengewehr zu hören. Es ist sehr nah, aber ich nehme es kaum wahr. Der Krieg existiert in diesem Augenblick für mich nicht.
Der Falbe bewegt sich. Er steht schon im Lichtschein. War das eine Arbeit! Sein Maul ist wie aus Eisen. Vielleicht fühlt er gar keinen Zaum. Wieder beuge ich mich unter den glatten Bauch, jetzt kann ich genug sehen. Ich hätte dort etwas gefunden, wenn etwas dagewesen wäre; es ist nichts bei ihm unter dem Bauch zu sehen! Ich hebe noch den Schwanz hoch, damit

ich sichergehe. Eindeutig das Zeichen des weiblichen Geschlechts. Es ist eine Stute, es ist wirklich eine Stute. Sie ist wie Julina! Trotz meines Pechs habe ich doch noch großes Glück. Ich schaue die falbe Stute eine Sekunde lang mit Bewunderung an. Sie wiegt bestimmt eine Tonne. Ihre Schienbeine sind auch behaart, die Hufe groß. Es ist verwunderlich, daß sie einen solchen Elefanten bei den Kosaken brauchen können. Ich stoße sie wieder an; sie macht nur einen Schritt. Die anderen Pferde in der Umzäunung interessieren mich nicht mehr.

»Ab jetzt heißt du Julina«, teile ich der Stute mit.

»Kannst du Tschechisch?«

Sie blinzelt nicht einmal. »Ich werde dir schon Tschechisch beibringen«, sage ich ernst. Wer weiß, was eine solche Stute in dem Krieg durchmachen mußte. Sie gefällt mir mehr und mehr.

»Komm her!« sage ich und ziehe ihren großen Kopf an mich. Die Augenbrauen und -wimpern sind hell. Sie hat rote Augen wie eine Angorakatze.

»Merke dir das! Du heißt Julina. Von jetzt an bist du eine Tschechin.«

Rasch begann ich, die Situation zu erkunden, um die neue Julina aus der Umzäunung herauszubringen. Sie hatte den Zaum und das Halfter am Kopf; ich konnte sie führen. Ich band meinen Strick an das Halfter, damit ich nicht auf die Zehenspitzen steigen mußte. Ich suchte die Stangen, die abzunehmen waren, wo auch die Russen aus der Umzäunung hinausgeritten waren.

Julina II nahm ich gleich mit. Damit ich nicht noch einmal umsonst zurückkehren müßte. Für mich war es damals, im April 1945, kein Diebstahl.

»Komm, du brauchst keine Angst zu haben. Bei uns wirst du es fein haben.«

Ich redete dauernd auf sie ein, um sie zu beruhigen. Sie machte keine Schwierigkeiten. Das Gatter hatte ich schon gefunden. Es war leider sehr schlecht zugemacht; die obere Stange polterte gleich herunter, sobald ich sie nur berührte. Die Russen hatten dort auch für alle Fälle eine leere Blechbüchse und noch andere Dinge aufgehängt. Daß ich Esel nicht aufpassen konnte! Und diese Dinge machten furchtbaren Krach! Die Pferde sprangen gleich auf.
Julina II stand ruhig an der Stelle, wohin ich sie gebracht hatte. Das bewies, daß sie tatsächlich phlegmatisch war. Der Lärm war so stark, daß ich lieber gleich durch die Umzäumung nach draußen auf die freie Wiese lief. Die Stute konnte ich auf keinen Fall jetzt wegführen, weil die Herde verrückt spielte. Ich lief auf alle Fälle weg. Ich erwartete, daß die Wachtposten von der Kalkmauer hierherlaufen würden. Ach wo! Andere Posten machten sich bemerkbar, und zwar auf der anderen Seite. Das überraschte mich. Aber schließlich ist es ja doch logisch, daß eine so große Armee wie die russische, wenn sie einen Krieg führt, mehr als zwei Soldaten auf Wache stehen hat.
»Rrrr!« riefen die Russen den aufgescheuchten Pferden zu.
Am schlimmsten war, daß sie mich sehen mußten – ich lief über den hellen Streifen des Feldes. Was wären das für Kosaken, wenn sie mich nicht gesehen hätten.
»Čto tam? Takoje? – Wer da?« rief einer. Er hatte einen Backenbart. In kritischen Momenten bleiben in meinem Gehirn hauptsächlich Dämlichkeiten zurück.
»Sobaka – Ein Hund«, hörte ich den anderen sagen.
Ein Schuß fiel. Vielleicht galt er mir. Ich hörte, wie er aufheulte und sich in die Luft einbohrte. Ich schmiß mich auf Hände, Knie und Bauch. Ein zweiter Schuß fiel! Der schlug neben mir ein. Ich sprang auf und schlug Haken.

Es ist möglich, daß sie mich erschießen! fällt mir ein. Sie erschießen mich, obwohl ich auch ein Slawe bin. Die Kriege sind voll von Mißverständnissen!
»Nestrilaj. Eto malčiška! – Schieß nicht, es ist ein Kind!« schrie dann der andere. Er mußte bessere Augen haben.
Gott sei Dank, daß ich den Lichtstreifen endlich hinter mir hatte! Auch die anderen kamen gelaufen, die vor dem Tor noch immer gruben. Gleich waren hier alle Russen aus ganz Rußland versammelt. Ich sah sie nicht, aber ich ahnte sie. Einem bin ich entkommen und dafür zwei anderen in die Arme gelaufen. Vor diesen beiden floh ich ins Gebüsch! Wie ich auf der anderen Seite wieder herauslief, standen dort schon fünf andere bereit. »Stoj!« forderten sie mich auf. Sie riefen es wütend und wurden dabei immer wütender.
Bestimmt kriege ich Prügel, dachte ich mir. Ich war nicht sicher, daß ich ihnen schnell genug erklären konnte, was ich in der Koppel gesucht hatte.
Ich machte es lieber auf die andere Tour. Aber die Kosaken waren nicht nur weltbekannte Reiter, sondern auch tolle Läufer... Wieder flog eine große gelbe Rakete hoch. Wenn ich in der Klemme saß, hatte ich manchmal doch Glück. Die Soldaten warfen sich zu Boden. Die Rakete mußte an einem Fallschirm zur Erde zurückkehren; es dauerte sehr lange, und es war keine russische Rakete. Sonst wären sie nicht auf die Bäuche gefallen. Jetzt war ich froh, daß Husarek die Baumlöcher ausgehoben hatte. Ich sprang in das nächste hinein und machte mich winzig klein. – Die Rakete erlosch.
Neben dem Loch, in dem ich lag, hörte ich wieder ein Getrampel wie bei einer Jagd und viel Russisch. Ich hatte nicht den Eindruck, daß sie über mein Verschwinden froh waren, sie schimpften wie die Rohrspatzen.
Endlich wurde es wieder ruhig. Ich steckte vorsichtig den

Kopf hinaus. Ich sah einen Russen, wie er über Husareks Feld ging und in jedes einzelne Loch hineinschaute.
Ich hatte ihn überhaupt nicht gehört, er schlich wie ein Leisetreter und hielt das Gewehr schußbereit in der Hand. Ich konnte nicht mehr fliehen.
Auf einmal hörte er aber mit der Sucherei auf und ging weg. Ich fiel auf den Grund des Lochs zurück. Erst jetzt begann ich, nach Luft zu japsen. Ich bekam Seitenstechen auf der linken Seite.
Wenn ich da manchmal Seitenstechen bekomme, muß ich meine Hand darauf legen. Ich muß sie unter das Hemd legen. Mein Gesicht ist voll Schweiß. Ich sehe nur den Rand meines Lochs, einen Teil des Himmels und die Sterne. Bei uns liegen die Sterne immer tief. Sie leuchten groß und hell. Es sind die heiligen Sterne von Mähren.

Ich liege eine Ewigkeit in dem Loch. Ich weiß gar nicht, wie lange.
Ich höre erneut Schritte auf dem Feld.
Ich atme vorsichtig, leise. Jawohl, es sind Schritte. Sie sind unregelmäßig zu hören, mit längeren Pausen dazwischen. Jetzt kommen sie zurück, gehen sicher in Zickzacklinie. Sie bleiben wieder stehen. Ich habe Angst. Aber ich bin auch neugierig, ich richte mich auf. Wenn ich knie, bin ich groß genug, um die Baumlöcher auf dem Feld zu sehen. Zuerst sehe ich überhaupt nichts. Dann höre ich plötzlich ein Geräusch hinter mir. Ich drehe mich schnell und erschrocken um. Es ist kein Soldat! Es ist kein Russe. Ich atme auf. Ich schneuze ein

wenig. Auf dem Feld steht ein großes, schwarzes Pferd. Es hält seinen Kopf hoch und schaut zu mir. Als wenn es wüßte, daß ich in dem Loch bin. Ich sehe deutlich seine Mähne und seine Nüstern. Es ist dunkel und glänzt wie Kohle. Ich pfeife leise. Zuerst will mir das Pfeifen nicht gelingen, denn ich habe geschwollene Lippen. Das Pferd bewegt sich nicht. Es hebt sich gegen den Horizont ab, so daß es beinahe aussieht, als berühre es mit den Hufen die Erde gar nicht.

Ich pfeife noch einmal, jetzt kann ich pfeifen. Diese Situation ist nicht zum Lachen. Ich möchte mein Loch lieber nicht verlassen; nicht jeder hat solche Erfahrung mit einem schwarzen Pferd in der Nacht wie ich...

Hätte das Pferd nicht so urplötzlich vor mir gestanden, wäre ich nicht so erschrocken gewesen. Als es ein paar Schritte macht, sehe ich, daß es hinkt. Es hinkt mit dem rechten Vorderbein. Es sackt beim Gehen im Rücken durch und zuckt mit dem Kopf. Für einen Augenblick beobachte ich das Pferd und überlege, wie es hierher kommt. Mit diesem Bein kann es nicht von weit hergekommen sein.

Ich klettere aus dem Loch, ich bin schnell draußen. Das Pferd kommt direkt auf mich zu! Es wittert einen Menschen wie ein Hund. Es bleibt wieder stehen und sucht etwas auf der Erde. Es kann dort höchstens Mist finden. Ich gehe ihm entgegen, gehe ihm ganz langsam entgegen. Ich schaue mich um. Ich werde das Gefühl nicht los, daß eine ganze Kompanie Russen in der Dunkelheit wartet und daß sie wieder über mich herfallen werden.

Von weitem höre ich Motorenlärm. Alle diese Schießereien gleichen sich. Kriege sind oft furchtbar monoton. Das Pferd bleibt stehen und wartet, bis ich zu ihm komme. Es ist so schwarz, daß Wagenschmiere dagegen hell ist. Es sieht so aus wie ein Pferd, das einen Menschen erschlagen würde, wenn es gesund wäre. Ich hab eine Schwäche für solche Pferde! Ich schlucke. Jetzt sehe ich es. Ich brauche das Pferd gar nicht zu umgehen, um es zu sehen. Das halbe Bein ist weg! Hier ist so viel Blut wie auf dem Schlachthof. Ich nähere mich dem Pferd bis auf die Entfernung von zwei Metern. Ich könnte heulen. Als ich um es herumgehe, dreht es nicht mal den Kopf nach mir.

»Wem gehörst du? Wer hat dir das getan?« Ich trete noch näher heran und hebe die Hand, fasse seine Nase an. Das Pferd zittert. Es ist ganz naß, als hätte es Fieber. Ich fühle zusammengeklebte Haare in meinen Händen. Aber es hat keine Angst vor mir.

»Bist du auch ein Russe?« Ich kann seine Ohren nicht erreichen, auch auf den Zehenspitzen erreiche ich sie nicht. Ich fahre mit den Fingern durch die Mähne. Ständig muß ich mir die furchtbare Wunde ansehen. »Hast du Schmerzen?«

Ich sehe nur seine großen schwarzen Nüstern. Sie sind wie aus Samt. Es atmet stoßweise, als würde es den Atem nur ausstoßen. Ich erinnere mich an etwas und fange an, mich abzutasten. Das Zigarettenetui fällt dabei auf die Erde. Ich hebe es wieder auf, und die Glasblase, die ich von dem Russen bekommen habe, stecke ich in die andere Tasche. Das Pferd steht still wie ein Denkmal. Nur die Augen scheinen zu leben. Sie sind groß wie ein Handteller. In meiner Tasche muß noch ein letztes Stück Mohrrübe sein. Ich reiche es ihm auf der Handfläche.

Das Pferd hebt die Lefzen, nimmt die Rübe aber nicht. Dann beißt es ganz vorsichtig, als wackelten seine Zähne. Ich hocke mich nieder, es ist keine Stute. Ich suche weiter in den Taschen, aber ich habe keine Mohrrübe mehr. – »Ich hab nichts mehr«, sage ich. In die Schulter ist die Nummer 5 eingebrannt.

»Du heißt Nummer fünf?« Ständig rede ich mit ihm. »Willst du Wasser trinken?«
Ich weiß, daß es sterben muß. »Ich werde dich zum Bach bringen.«
Ich hab es nur so an Kopf und Nase geführt. Es hatte weder einen Zaum noch ein Halfter um. Ich hatte das Gefühl, ein Schaukelpferd zu führen. Es blieb alle fünf Schritte stehen. Ich riß Gras ab und hielt es vor sein Maul. Es fraß nicht einen einzigen Halm, aber es trank einen Hektoliter Wasser aus dem Bach. Dann blieb es lange stehen. Und es trank wieder. Ich hockte mich nieder und beobachtete es dabei.
Dann sprang ich auf. Ich hörte wieder deutlich Pferdewiehern vom Gut her. Wenn gerade kein Schuß fiel, konnte man es gut hören.
»Bleib hier«, sagte ich. »Hier wird es für dich besser sein.«
Es taumelte für einen Augenblick, fing sich aber wieder. »Hier kannst du trinken, wann du willst.«
Fast hätte ich seinetwegen geweint. Ich habe es noch einige Male gestreichelt. Ich hätte es am liebsten mitgenommen, wenn ich nicht gewußt hätte, daß es ein sterbendes Pferd war. Es kam vom Bach hinter mir her, humpelte auf das Ufer hinauf.
»Bleib da!« Ich ging wieder drei Schritte. Es machte auch drei Schritte. Da kehrte ich zu ihm zurück. »Du kannst nicht mit mir gehen«, sagte ich. Ich sagte es ihm in die Augen, die kaum noch lebten. Ich drehte es zurück zum Bach.
Dann fing ich an zu laufen.
Es drehte sich wieder um und versuchte, auf drei Beinen hinter mir herzuspringen. Ich lief weiter und blickte über die Schulter zurück, und ich sah, daß es hinter mir herhumpelte. Das konnte sein Tod sein. Das war grausam von mir. So blieb ich stehen. Ich setzte mich nieder, scheinbar ein wenig gelang-

weilt. Es kam zu mir, blieb bei mir stehen. Um mich herum lagen viele Steine; ich warf einige ins Gebüsch.
»Gehörst du vielleicht mir?« fragte ich das Pferd und stand auf. »Kann ich dich statt Julina nach Hause bringen?«
Wütend riß ich einen Akazienzweig ab, hielt ihn dem Pferd vor die Nase. Jetzt fraß es ein wenig, und das wunderte mich. Ich begann, ringsum die Akazienzweige abzubrechen und sie dem Pferd vor die Nase zu halten. Es fraß so gierig, als wolle es den ganzen Wald auffressen. Dauernd stiegen rote und weiße Raketen zum Himmel.
Ich brachte das krepierende Pferd bis in das Dickicht. Beinahe ein Jahr haben wir für das Stückchen bis zum Bach gebraucht. Es begann zu dämmern, und die Landschaft war milchig blau. Die Vögel zwitscherten aus Leibeskräften. Die Felder, die Erde, einfach alles dampfte. Fünf Rehe grasten Klee ab. Das Pferd wollte auch grasen, aber ich ließ es nicht zu. »Du darfst das nicht fressen. Alles ist voll Tau.«
Es humpelte auf drei und einem halben Bein. Wir blieben ständig stehen, und ich verlor sehr viel Zeit mit ihm. Ich quatschte dummes Zeug, daß ich es zum Tierarzt brächte, der die Wunde nähen würde.
Es war wirklich ein sterbendes Pferd, und mir wurde gar nicht bewußt, daß ich ihm etwas vorschwindelte. Ich brachte es bis zur Ziegelsteinhütte. Ich hatte großen Hunger. Ich zerbrökkelte das russische Brot, das Isa und ich übriggelassen hatten. Es schmeckte jetzt sehr gut. Ich nahm die Brotkrume, das Pferd bekam die Krusten und fraß sie mit Appetit.
Über dem Dickicht lag Nebel. Hier gab es morgens immer Nebel. Ich ging in die Hütte. Das Pferd konnte nicht mit hinein, es stand aber gleich an der Tür. Ich ging noch einmal hinaus, zog aus dem Gestrüpp die deutschen Mäntel heraus, die ich dort hingeworfen hatte. Ich nahm alle drei heraus,

zwei davon warf ich in die Hütte auf das Strohbündel. Den einen Mantel legte ich dem Wallach auf den Rücken. Es war so, als wollte man einen Elefanten mit einem Taschentuch zudekken. Da warf ich ihm zwei Mäntel auf den Rücken, damit er sich vor seinem Tod nicht noch erkältete. Vielleicht fühlte er weder Kälte noch Wärme, aber ich wollte nicht, daß ihm kalt wurde. Ständig schnupperte das Pferd mit der Nase an meinen Handflächen. »Ich hab nichts mehr«, sagte ich.
Nun legte ich mich in der Hütte auf das Stroh nieder, deckte mich mit dem deutschen Militärmantel zu und drehte mich zur Wand.

Etwas weckt mich. Irgendwelche Geräusche. Ich spüre, daß es das Pferd ist. Es sind die Hufe. Vor der Türschwelle muß es stehen. Für eine Sekunde zögere ich, hülle mich enger in den Militärmantel. Von draußen kommt es kühl herein, und ich drehe mich zur Tür. Ich schreie laut auf, fahre hoch und drücke mich in die Ecke, an die Wand. Ich lalle etwas. Im Türrahmen steht eine große Männergestalt. Ich kann das Gesicht nicht sehen, denn die Morgendämmerung erhellt es nicht.
»Verfluchter Bengel«, sagte der Mann. Er sprach durch die Nase, hustend, wütend. Damit war klar, daß es Zyrill Vitlich war. »Wo treibst du dich rum? Wo treibst du dich bloß rum, zum Donnerwetter?« schrie er ohne Rücksicht auf die Front.
Er atmete ungewöhnlich laut. Ich hatte keine Angst mehr. Es kam mir so vor, als stünde dort nicht Zyrill, sondern der leibhaftige Methusalem selbst. Und noch jemand war da.
»Isa!« sagte ich überrascht. Sie stand neben ihm. »Du Aas!«
Sie knurrte freundlich, als wäre sie mir vorher überhaupt nicht weggelaufen. Sie sprang zu mir. Ich fuhr mit beiden Händen in ihren Pelz.

»Zyrill!« sprach ich Vitlich an. Ich sagte es mit froher Stimme. Mit dieser Stimme werde ich eines Tages auch den Erzengel Gabriel anreden.
»Ich glaube, daß ich dich verprügle, du Saukerl«, sagte er. »Du kriegst etwas auf dein Maul. Blödmann! Wer sollte dich wohl suchen? Seit gestern abend suche ich dich! Du setzt dir etwas in den Kopf, und alles andere ist dir egal, was? Weißt du nicht, daß es auch noch den Krieg gibt?«
»Ich weiß es«, sagte ich. Er beleidigte mich mit dem ›Blödmann‹. »Natürlich weiß ich, daß Krieg ist. So doof bin ich nicht.« Ich bekam eine Ohrfeige. Es war die einzige Ohrfeige, die ich je von ihm bekommen habe.
»Ich laufe nachsehen, ob du im Forsthaus bist. Die andern können selbstverständlich dort sein, aber du nicht! Du mußt immer woanders sein. Wo hast du denn gesteckt?«
Er hielt mich mit beiden Händen an den Schultern fest. Isa bellte auf. »Halt dein Maul«, sagte er zu der Hündin.
Ich hing in Vitlichs Händen mehr in der Luft, als daß ich auf dem Boden stand. »Warum schlägst du mich?« sagte ich aufsässig. Ungerechtigkeit konnte ich auf keinen Fall ertragen. »Gehöre ich dir, daß du mich schlägst?«
»Willst du noch eine Ohrfeige?« fragte er.
Ich wollte keine Ohrfeige mehr.
»Die Russen sind schon auf dem Gut«, sagte ich. »Schon seit gestern.«
»Schon seit gestern vormittag«, wiederholte ich genauer, damit er nicht dachte, daß ich erst jetzt aufgewacht sei. »Sie sind gekommen, nachdem mir die Deutschen unsere Julina gestohlen hatten«, fügte ich rasch hinzu.
»Was haben sie dir gestohlen?« Er sprach so undeutlich, als rede er durch die Nasenlöcher.
»Das Pferd«, sagte ich. »Julina haben sie mir gestohlen.«

Er holte tief Luft, stieß die Hündin mit dem Bein weg, damit sie ihn nicht ablenkte. Er konnte es nicht glauben. »Du blödelst«, sagte er. »Du redest dummes Zeug.«
Für eine halbe Minute herrschte Ruhe. Er begriff, daß es Wirklichkeit war.
»Ich will nicht mehr nach Hause«, sagte ich. »Nie mehr.«
»Geh nicht«, sagte er. »Wenn ich dir etwas raten kann, dann geh nicht nach Hause!«
Auf einmal ließ er seine Hände sinken. Ich wußte, worauf er seine Augen richtete. Er schneuzte sich. »Komm her!« befahl er mir. »Komm her! Was hast du denn da? Was hast du mit dem Mund...« Ich ahnte, daß ich in der hellen Morgendämmerung überwiegend blau aussehen müsse.
»Ich wollte ihnen Julina nicht geben«, antwortete ich.
Er wischte sich die Nase mit der Hand ab.
»Ich bin nicht mit den Jungen gefahren, weil sie mich wieder gejagt haben«, sagte ich. Ich sah dabei Vitlich nicht an, starrte nach draußen ins Dickicht. Der Frühnebel löste sich langsam vom Boden und trieb in kleinen Wattegespinsten höher. Kein Lüftchen regte sich.
»Wieviel waren es?« fragte Vitlich.
»Fünf«, sagte ich.
Vitlich schaute mich fragend an.
»Fünf oder vier«, sagte ich.
»Tut was weh?«
»Ein wenig.«
»Komm ans Licht!«
Wir gingen vor die Hütte. Dort stand das Pferd wie ein Skelett. Selbstverständlich sah er auf den ersten Blick, daß es ein krepierendes Pferd war. »Wo hast du diese Mumie her?«
»Hab ich gefunden«, sagte ich.
Vitlich wunderte schon nichts mehr. »Zeig es lieber nicht

deinem Vater«, sagte er. »Er könnte euch beide erschießen.«
»Ich gehe nicht mehr nach Hause!«
»Oha«, er tat erstaunt.
Ich ging sofort hoch. Scheinbar nahm er meinen Entschluß auf die leichte Schulter. »Ich will nicht. Glaub nicht, daß du mich nach Hause bringen kannst!«
»Ist deine Nase gebrochen?« fragte er. Er konzentrierte sich wieder auf mein Gesicht.
»Nein!«
»Die Deutschen haben die Brücke in die Luft gejagt«, sagte er. »Weißt du das? Sie ist ganz hinüber.«
»Hm.« Die Brücke interessierte mich überhaupt nicht.
Ich schrie auf, weil er meine Nase anfaßte. Er blickte mich an, als wenn ich schon in den letzten Zügen läge. In diesem Augenblick glaubte ich, in seinem großen, herben Gesicht so etwas wie Rührung zu erkennen. »Zyrill«, sagte ich, um ihn abzulenken. »Weißt du nicht, was ihm fehlt?« Ich zeigte dabei auf das schwarze Pferd.
»Sein Fußrücken ist gebrochen. Sein Muskel ist hinüber. Vielleicht auch die Sehne... Hast du es hier gefunden?«
»Hinter dem Bach.«
Noch einmal sah er sich das gekrümmte Hinterbein des Pferdes an. Es stand nur leicht auf diesem Bein. Mit der Hinterhand stützte es sich an der Hüttenmauer ab.
Als Vitlich mir den Rücken zukehrte, fiel mir ein großer Blödsinn ein. Ich griff in die Hosentasche und nahm die Blase heraus. Ich setzte sie mir in das linke Nasenloch. Am Fluß bellte ein Maschinengewehr, hörte aber sofort wieder auf.
Vitlich drehte sich um und blickte in Richtung Gutshof. Er sprach mit mir wie sonst, wie zu einem Erwachsenen. »Sie sind vielleicht zu früh gekommen«, sagte er.

Ich wollte die Blase wieder herausnehmen und verstecken, weil sie jetzt nicht hierher gehörte. Er sah mich forschend an. Da wagte ich es nicht mehr, das Ding herauszunehmen. Die Blase, so groß wie mein halber Daumen, war unmöglich zu übersehen.

»Wisch dir die Nase ab«, sagte er. »Wohin sind die gefahren, nachdem sie dir die Julina abgenommen hatten?«

»Ich weiß es nicht.« Ich schneuzte absichtlich. »Richtung Rynovice. Durch den Wald.«

»Wisch dir die Nase ab«, sagte er wieder. Er ging darauf ein. Wie er mich so anschaute, grinste er, als kenne er sich aus mit Nasenblasen. Ich wischte mir flüchtig über die Nase.

»Gestern abend war der alte Cumat im Forsthaus. Er hat sicher schon deinem Vater gesagt, daß du nicht dort bist. Wer weiß, am Ende sucht er dich auch«, sagte er. »Verflucht, kannst du dir nicht mal die Nase putzen?«

»Ich hab kein Taschentuch«, sagte ich.

Er griff automatisch in seine Hosentaschen. Vergebens. Vitlich mochte zuletzt im Jahre 1921 ein Taschentuch gehabt haben. Ich wischte wieder die Nase mit der Hand ab.

»Das andere Loch«, sagte er.

Ich drehte mich ein wenig, putzte die Nase ab und steckte die Blase in das andere Nasenloch. Manchen Blödsinn kann man bis zum Wahnsinn treiben.

»Kannst du deine Nase nicht ohne Taschentuch putzen?«

Er zeigte es mir, drückte ein Nasenloch mit dem Daumen zu und schniefte. Dann machte er das gleiche mit dem anderen Nasenloch. Es war wie ein Kursus für Naseputzen.

»Ich will nicht schnauben«, sagte ich und stellte mich blöd.

»Du hast eine Blase an der Nase«, sagte er.

Ich tastete sie ab. Dann nahm ich die Blase in zwei Finger. Schließlich steckte ich sie in die Tasche.

Das verwirrte ihn vollkommen. Er überlegte eine Sekunde und sah dabei so aus, als wäre es zuviel für ihn. »Du bist mir schon eine Nummer! Wenn es um Blödsinn geht, da bist du großartig! Ja!« Er streckte seine Hand aus. »Zeig, was hast du denn da?« Ich nahm die Blase aus der Tasche. Er betrachtete sie. »Wo hast du die geklaut?«

»Ich hab sie bekommen.«

»Wer, ich bitte dich, verteilt solchen Blödsinn?«

»Die Russen«, sagte ich. »Was heißt russisch ›litinant‹, Zyrill?«

»Lojtnant? Leutnant.«

»Litinant.«

»Wo hast du das gehört?«

Ich zeigte mit dem Kopf in Richtung Gutshof.

»Du warst dort?«

»Hm.«

»Jemand hat dort geschossen«, sagte er heftig. »Es wurde dort geschossen. Warst du gerade dort?«

»Nein«, schwindelte ich.

Er steckte sich die Blase in die Nase, steckte sie sich verkehrt hinein. Dann drehte er sie richtig.

»Weißt du nicht, was auf russisch ›durak‹ heißt? Oder ›sobaka‹?« fragte ich ihn.

»Hast du keinen Spiegel?« fragte er.

Ich nahm das Zigarettenetui hervor und öffnete es. Ich reichte es ihm mit der glitzernden Seite, in der man sich spiegeln konnte. Zyrill beachtete die nackte Frau nicht. Er machte eine Grimasse, grinste mich an, lachte über das ganze Gesicht. »Was soll ich mit den kleinen Hunden machen, wenn du weggehst?« fragte er. Er steckte die Blase in das andere Nasenloch. »Du mußt mir sagen, wem ich sie geben soll. Ich kann mir doch keinen Hundezwinger zulegen.« Er schaute mich prüfend an. Dann nahm er die Blase heraus und gab sie mir zurück.

Zyrill trank aus einer flachen Flasche. Er nahm sie aus der Tasche. Auch mir war es kalt. Er wollte mir das Fläschchen reichen, aber dann kam ihm zum Bewußtsein, daß ich für Alkohol noch nicht alt genug war. »Hast du Hunger?« fragte er. Er nahm ein in Zeitung eingewickeltes Stück Brot heraus. Und ein Stück Speck. Speck konnte ich nicht mehr sehen! Ich schüttelte den Kopf. Nein, ich hatte keinen Hunger.

»Du kannst Josef fragen, vielleicht nimmt er einen Hund. Oder auch zwei.« Er schaute in die Landschaft. »Geh schlafen«, sagte er. »Leg dich hin. Nimm dir auch diese Mäntel. Ihm ist es nicht kalt.« Er nahm dem Pferd die beiden Mäntel ab.

»Ich hab hier auch ein Motorrad versteckt«, sagte ich und deutete auf das Gebüsch. »Ist ein Pferd teurer als ein Motorrad, Zyrill?« fragte ich.

»Geh schlafen«, sagte er. »Geh. Du brauchst keine Angst zu haben. Die Stute werden wir schon finden. Ich werde um das Dorf gehen und auch in Rynovice suchen. Julina kann nicht weit sein. Sie haben die Stute irgendwo stehengelassen – vielleicht steht sie mit dem Wagen auf irgendeinem Feld.«

Er schob mich in die Hütte auf das Strohbündel. Und dort fragte er mich auf einmal: »Hat dein Vater nichts von mir erzählt?« Er fragte ganz anders, lauernd und geheimnisvoll.

»Nein. Was sollte er erzählen? Was sollte er denn erzählen?«

»Oder Cumat. Der alte Cumat kommt doch zu euch, nicht wahr?«

»Was sollte er von dir erzählen, Zyrill?« wunderte ich mich.

»Nichts«, sagte er.

Er sprach nicht mehr davon. Er warf mir die Mäntel zu, die nach Pferd und Schweiß rochen.

»Wohin gehst du, Zyrill?« Ich wollte nicht, daß er wegging. Er setzte sich auf die Türschwelle. »Ich geh nicht weg. Ich bleibe hier sitzen. Schlaf!«
Ich wollte schlafen. Ich zog Isa zu mir. »Wirst du auch nicht zu uns gehen, Zyrill?« vergewisserte ich mich.
»Nein«, sagte er.
»Ehrenwort?«
»Ehrenwort!«
Er saß auf der Schwelle; draußen stand noch milchiger Nebel. Zyrill rauchte eine Zigarette. Wieder war in der Ferne ein Maschinengewehr zu hören. Dann stand er auf, ich sah ihn, er schaute nach, ob ich schon schlief, und ich stellte mich schlafend. Er raschelte draußen im Gebüsch, dann kam er zurück, und in den Händen hielt er das Maschinengewehr aus meinem Versteck. Er schaute sich den Mechanismus an, versuchte, den flachen Metalldeckel zu öffnen. Er war damit sehr beschäftigt. Dann schlief ich doch ein.

Als ich aufwache, weiß ich einen Moment nicht, wo ich bin. Die Ziegelsteinmauer, die ich sehe, sagt mir nichts. Die Militärmäntel liegen auf mir. Auch Vitlichs brauner Mantel ist dabei. Ich drehe mich von der Wand weg. Ich weiß wieder, wo ich bin. Die Hütte ist leer! Eine Sekunde ordne ich alles in meinem Gehirn. »Zyrill«, rufe ich leise. Niemand läßt sich hören. Ich stehe auf. Mir ist kalt. Im April ist es bei uns morgens noch nicht warm. »Zyrill!« rufe ich lauter, aber undeutlich, weil ich mich dabei schneuzen muß. Sicher bekomme ich einen Schnupfen.

Ich stehe an der Hüttenschwelle. Ein leichter Nebel segelt immer noch durch das Gebüsch. Die Landschaft sieht im Nebel unwirklich aus, wie eine Traumlandschaft. Ich versuche, die Nase so zu putzen, wie Vitlich es mir riet. Mit einem Finger drücke ich ein Nasenloch zu und schneuze. Es geht ganz gut.
Hinter dem Nebel, wie hinter Milchglas, hängt die Sonne. Sie ist verschwommen zu sehen. Sie dringt kaum durch; sie wärmt nicht. Es wird ständig geschossen, der Krieg ist noch nicht vorbei. Irgendwo krachen auch Bomben. Die Hündin fällt mir ein. Sie ist weg. Isa bestätigt nicht gerade, daß der Hund der treueste Freund des Menschen ist.
»Isa!« Ich pfeife. Ich muß meine Lippen anfeuchten, um überhaupt pfeifen zu können. Ich höre etwas und fahre erschrokken herum. Das krepierende Pferd hat seine Nase fast schon bei mir, es wartet auf mich. Wahrscheinlich hat es überhaupt nicht geschlafen, wartete, bis ich aufwachte. Es wiehert röchelnd. Seine Stimme steckt tief im Hals. Ich sehe, daß Vitlich dem krepierenden Pferd das rechte Hinterbein verbunden hat. Er hat die deutschen Militärjacken zerrissen und als Verband benutzt. Aber das Motorrad liegt unversehrt unter dem Gebüsch, wo ich es versteckt habe. Zyrill hat dem verletzten Pferd den Fußrücken und die Fessel verbunden. Sein Bein sieht aus wie bandagiert. Die Wunde näßt oben. Erst jetzt kann man sehen, wie fürchterlich es verwundet ist. In der Nacht sah es nicht so schlimm aus. Das Pferd schnaubt mir ins Gesicht. Ich streichele es, fahre mit den Fingern durch seine Mähne. Seine Augen sind fast zu, es fühlt mehr, daß ich da bin, als daß es mich sieht.
Plötzlich bewegt es den Kopf. Auch ich hörte einen Laut. Hufschlag! Im Nebel dumpf zu hören. Ich lausche. Jawohl, es sind Pferde! Ich verschwinde zögernd zwischen den Sträu-

chern. Sie sind jetzt deutlich zu hören. Ich laufe durch das Gebüsch. Dann bleibe ich wieder stehen. Ich will nicht aus dem Dickicht ins Freie treten. Ich habe dichte Ranken vorm Gesicht und schau durch die Äste wie durch ein Netz. Mehrere Russen reiten über den Feldweg. Ich zähle sie, es sind drei; sie haben aber vier Pferde. Das vierte führt einer von ihnen am langen Zügel. Das Pferd ist aber nicht reiterlos, quer über dem Sattel liegt ein Soldat. Seine Hände und Füße baumeln im Takt mit den Bewegungen des Pferdes. Der Kopf pendelt leblos hin und her.

Ich mache noch ein paar Schritte bis fast an den Weg. Aber dann bleibe ich stehen, weil sie anhalten. Zwei Kosaken springen von den Pferden und bringen den bewegungslosen Körper in die richtige Lage, damit er nicht ganz heruntergleitet. Ich sehe, daß dem Russen, der auf dem Pferd liegt, etwas heruntergefallen ist. Keiner von den anderen hat es gemerkt. Sie reiten schon weiter zum Gutshof, tauchen im Nebel unter, der wie ein Vorhang die Vorstellung beendet.

Erst jetzt laufe ich zu der Stelle, wo sie gehalten haben. Ich hebe eine seidene Karnevalsmaske mit hellen Haarflechten aus dem Gras auf. Sie ist voll Blut. Es ist die komische Maske der Prinzessin, die sich der junge Soldat in der Nacht aufs Gesicht gesetzt hat.

Ich fange an zu laufen. Ich halte mich ein wenig mehr rechts. Ich kann den Schober im Nebel nicht sehen, aber ich laufe in diese Richtung. Die Koppel mit den vielen Pferden ist nämlich dort...

Aber bald verlangsame ich meinen Lauf. Schließlich gehe ich nur noch sehr vorsichtig, damit sie nicht wieder nach mir schießen. Die Russen sind nicht gerade das humorvollste Volk. Der Nebel ist ein wenig gestiegen, die Sonne ist klarer geworden, und das Gras, die Sträucher und die Bäume glänzen vor Feuchtigkeit. Ich gehe am Feld mit dem Misthaufen und den Baumlöchern vorbei, bis zu dem Streifen mit Hekkenrosen. Von hier aus sehe ich die Koppel und auch die Pferde. Es sind mindestens zweihundert. Ich bleibe stehen und beobachte; näher will ich nicht gehen. Ich lege zwei Steine aufeinander und setze mich darauf, suche mit den Augen die Stute, die ich ›mitgehen‹ lassen will. Selbstverständlich weiß ich, daß es ein Verbrechen ist, der siegreichen Armee ein Pferd zu stehlen. Ich sehe die Stute auch nicht. So gehe ich doch ein bißchen näher.

Wenn bloß der Nebel nicht wäre, dann könnte ich alle Pferde ganz deutlich sehen. Vielleicht sollte ich doch bis ans Ende des Gebüschs gehen. Ganz vorsichtig. Hier haben sie mich gestern gejagt. Ich erkenne die Stelle. Von hier aus sehe ich ausgezeichnet bis zur Koppel. Ich sehe auch die Stange mit den aufgehängten Töpfen. Ich sehe sogar den Leutnant, erkenne ihn sofort an seinem Stock. Er raucht und schlendert zwischen den Pferden herum. Es ist möglich, daß er gar nicht geschlafen hat; er geht mit einem Soldaten in der Koppel herum; sie heben bald diesem Pferd, bald jenem Pferd das Bein hoch und beschmieren die Wunden mit irgendeiner Salbe. Sie kriechen den Tieren unter die Bäuche.

Ich setze mich auf einen Randstein. Es ist interessant, den Leutnant zu beobachten. Jetzt recke ich meinen Hals, weil ich meine Stute entdecke. Endlich sehe ich sie! Sie steht hinten, fast hinter allen anderen Pferden. Ich stelle mich auf den Randstein, damit ich größer bin. Plötzlich höre ich hinter mir: »Hu! Čto ty? – Wer bist du?«

Ich drehe mich blitzschnell um. Hinter mir steht ein Russe mit dem Gewehr! Ein anderer Russe kommt aus dem Gebüsch. Ich springe vom Randstein herunter und laufe weg, so schnell ich kann.

»Stój! Slušaj! Ty! Stój! – Stehenbleiben! Hör zu!«
Er läuft mir nach. Das Gewehr trägt er aber nur in einer Hand; es sieht nicht so aus, als wenn er schießen würde. Das ermuntert mich ein wenig. Ein dritter Russe ist jetzt zu sehen. Er lag zwischen den Bäumen versteckt. Er lacht mich an, als wenn es um einen Ulk ginge, und breitet die Hände aus. Ich schlage einen Haken. Dabei laufe ich einem anderen Russen in die Arme. Der lacht nicht wie die beiden anderen, er macht ein finsteres Gesicht. Ich springe, damit ich ihm entkomme. Aber der Russe kann laufen! Einen Hasen könnte er glatt zu Tode hetzen, möglicherweise ist er in seinem Zivilberuf Briefträger oder gar Telegrammbote, denn in Rußland sind große Entfernungen zu bewältigen. Er ist schon bei mir. Ich werfe mich zu Boden, damit er über mich fällt. Es ist mir gelungen! Ich habe den Eindruck, daß er auf seinem Kinn gelandet ist. Ich laufe in die entgegengesetzte Richtung. Er steht schneller auf, als er gefallen ist. Ich weiß nicht, wie er es geschafft hat, mich zu fangen, aber er hält mich schon fest. Wahrscheinlich hat er seit seiner Geburt noch nie gelacht. Er macht ein Gesicht, als wenn ich jetzt erschossen werden soll.
»Panimaješ pa rusky? – Verstehst du Russisch?« fragt er.
»Da«, sage ich das einzige russische Wort, das ich perfekt beherrsche.
»Čto? – Was ist denn?« wundert er sich.
Ich wiederhole es lieber nicht. Er hält mich am Kragen fest. Es sind schon elf um mich herum, die halbe Kosakenarmee. Er hält mich so fest, als wenn er endlich denjenigen gepackt hätte, der den Krieg verschuldet hat. Gleichzeitig würgt er mich und beutelt mich hin und her. Für mich ist das keine neue Situation.
Ich entwische in das Gebüsch, krieche auf allen vieren hindurch. Rings um mich Soldaten, sie schreien, aber keiner

kriecht hinter mir her, trotzdem weiß ich nicht, wo ich aus dem Gebüsch ausbrechen kann, denn sie haben das Gebüsch umstellt wie bei einer Treibjagd.
Die Russen ziehen mich aus dem Gebüsch heraus, reißen mich an der Jacke wie einen gemeinen Verbrecher, fast hätten sie sie mir über den Kopf gezerrt. Ich trete, kratze und tobe. Ich halte mich an den Ästen fest, winde mich vor ihren Füßen; sie haben große Mühe mit mir.
Ich erwarte, daß sie mir die Augen verbinden, mich an die Wand stellen und das Hinrichtungskommando rufen.
Einem Kosaken hab ich den Stiefel ausgezogen, er springt barfuß im Gras herum. Er hat um den Fuß einen Lappen, der sich wie eine Fahne abwickelt; er tritt darauf und ist nun ganz barfuß. Ein anderer Soldat will ihm helfen, aber er springt ihm auf den nackten Fuß. Der Barfüßige schreit auf. Ich habe auch einen abgerissenen Knopf in der Hand. Aber der Russe mit dem finsteren Gesicht hält mich schon fest. Ich habe ihm die ganze Tasche abgerissen. Er keucht schwer. Wahrscheinlich habe ich ihm auch auf die Nase gehauen, sie sieht aus wie eine Wassermelone. Er sieht mich überhaupt nicht wie einen Angehörigen eines verbündeten Volkes an. Sie haben die Gewehre hingelegt, damit sie beide Hände frei haben. Endlich haben sie mich besiegt. Zwei halten mir die Hände und drei die Füße fest.
Alle reden ständig auf mich ein. Ich fühle, daß es weder herzlich noch freundlich ist, was sie mir sagen. Es fällt mir ein, daß sie mich zwischen vier Pferde festbinden und den Pferden dann die Peitsche geben könnten. Ich habe irgendwo gelesen, daß die Zaren das mit Vorliebe taten.
Diese Vorstellung erschreckt mich, ich fange wieder an, entsetzlich zu brüllen. Ich will mich von den Soldaten losreißen, und wir wälzen uns wieder in einem Knäuel. Einer der Russen

wiederholt ständig: »Sabaka, Sabaka! – Du Hund!« Er sagt auch etwas über meine Mutter. Ich wüßte nicht, was er über meine Mutter sagen kann, wenn er sie überhaupt nicht kennt. Es muß ein großer Krach gewesen sein, weil plötzlich der Leutnant selbst da stand. Er bemühte sich persönlich und ging von der Umzäunung bis hierher, nur um mich zu sehen. Sie haben mich fast bis auf die Turnhose ausgezogen, während ich mit ihnen kämpfte, und jetzt liege ich fast nackt vor ihm. Der Offizier macht ein finsteres Gesicht, sicher ärgert ihn mein Verhalten, das wahrscheinlich den glatten und flüssigen Gang des Weltkrieges aufhält.
»Adkuda? – Woher?« fragt mich der Leutnant. Noch heute erinnere ich mich an seine Stimme, sie war melodisch, schwingend und gleichzeitig auch tief; mit einer ähnlichen Stimme sang unser Forstgehilfe die Passion. Die Soldaten brauchen mich nicht mehr festzuhalten, ich stehe und schaue den Leutnant an. Für einen Menschen, der in den Schlachten den Befehl hat, sieht er ein wenig zu lässig aus. Er lacht. Ich hebe meine Kleider von der Erde auf: die Jacke, einige andere Sachen, alles liegt komplett auf der Erde. Ich will auch zwei Patronen in die Tasche stecken, aber die sind nicht mir herausgefallen, sondern einem der Russen. Der Leutnant hat seine Augen überall; er nimmt mir die Patronen im letzten Augenblick weg. Ich hatte sie schon in die Hosentasche gesteckt. Er faßt auch noch in meine Taschen und nimmt das Zigarettenetui heraus! Er zeigt sich nicht überrascht, sicher hat er während des Krieges noch viel erstaunlichere Dinge gesehen.
»Kuriš? – Rauchst du?« fragt er mich. Es ist wirklich alles sehr verständlich. Russisch würde ich sofort lernen.
Ich schüttle den Kopf. Doch dann überlege ich mir das und nicke, damit er das Zigarettenetui nicht öffnet und es mir wegnimmt. Er öffnet es aber trotzdem.

In bestimmten Situationen schaue ich zu Boden. Der Leutnant schaut in das Zigarettenetui, und auch alle seine Untergebenen schauen hinein. Ich weiß nicht, warum sie sich die Frau so lange ansehen. Mir erscheint sie in diesem Augenblick überhaupt nicht interessant. Der Leutnant schließt das Zigarettenetui und sieht mich sehr ernst an; vielleicht ist er in seinem Zivilberuf Lehrer.
»Skolbo tĕbja let? – Wie alt bist du?« fragt er. Ich zeige es ihm an den Fingern meiner Hände. – »Sedm? – Sieben?« Er will mich wohl ärgern. Aber ich darf mich mit ihm, wenn er unser Befreier ist, nicht streiten. Ich putze meine Nase. Zu meiner Verwunderung sehe ich, daß er das Zigarettenetui in seine Tasche steckt! »Eto nĕt dla tĕbja? – Gehört dir das?« fragt er. Er macht dabei ein Gesicht, als ob ich ihm noch dankbar sein müßte, daß er es mir nicht zurückgeben will. »Tys zdĕs byl véčerom, da? – Warst du gestern schon hier?«
Er zeigt zur Koppel.
»Nein«, lüge ich.
Ich bin entschlossen, alles abzuleugnen. Ich sehe ihm an, daß er weiß, daß ich dort war.
»Beri! – Nimm!« sagt er. Er reicht mir ein Stück Schokolade. Sie ist in Stanniol eingewickelt. Ich nehme sie behutsam, rieche erst an ihr, und er beobachtet mich. Ich mache wahrscheinlich kein erfreutes Gesicht dabei, das wundert ihn. Er fragt mich, ob ich will oder nicht.
»Aber ja«, sage ich lässig, damit ich nicht wie ein Dummkopf wirke, der noch nie in seinem Leben Schokolade gesehen hat.
Der Leutnant schickt einen Soldaten irgendwohin. Die anderen Soldaten kehren wieder auf die Wache zurück. Auf einmal verschwinden sie alle. Ich bleibe mit dem Offizier allein in der Koppel. Wahrscheinlich glaubt er, daß er mich einholen

würde, wenn ich ihm weglaufe. Ich will aber nicht mehr weglaufen. Irgendwo oben dröhnt ein Flugzeug. Ich erkenne das Flugzeug am Motor. »Messerschmitt«, sage ich. »Da, Messerschmitt«, sagt der Leutnant und sieht mich an. Ich wollte mich bei ihm in besseres Licht setzen. Er spaziert zwischen den Pferden herum, und ich gehe mit ihm, weil ich froh bin, so zu ›meiner‹ Stute zu gelangen. Der Leutnant kriecht unter den Pferdebäuchen durch, damit er die Pferdeherde nicht umgehen muß. Ich krieche ihm nach. Er schaut mich erneut an und denkt über mich nach. Er klatscht einem Pferd auf das Hinterteil; es schlägt nicht mit dem Huf nach ihm, es läßt sich das gefallen. Ich sehe mir die Stute an, mit der ich in der Nacht beinahe weggelaufen wäre. Jetzt stehe ich bei ihr. Ich versuche, mir nichts anmerken zu lassen, damit ich den Leutnant nicht auf meine Absichten aufmerksam mache. Die Stute hat keine einzige Verletzung; entweder hat sie Glück gehabt oder noch keine Schlacht mitgemacht.

Aber schon kehrt der Soldat zurück, den der Leutnant irgendwohin geschickt hat, und reicht mir eine Schüssel mit Essen. Es ist ein Eßgeschirr. Es dampft daraus. Er nimmt einen Löffel aus dem Stiefel und gibt ihn mir, damit ich essen kann. Die Russen haben ein gutes Herz, aber eine falsche Vorstellung davon, was wir während des Krieges zum Essen hatten. Mir ist es recht. Ich sitze auf den Stangen, Knie unter dem Kinn, die Militärschüssel zwischen den Knien und esse die Suppe. Es ist ein Stück Fleisch darin, so groß wie ein halber Kuhkopf. Ich nehme es zwischen beide Hände und beiße ab; es ist weich, heiß und fettig. Der Leutnant läßt sich nicht aufhalten, er sieht sich die Pferde weiter an. Aber als ich noch mit dem Stück Fleisch kämpfe, kommt er zu mir, nimmt aus der Tasche eine Pfefferdose aus geschliffenem Glas mit Silberdeckel und streut mir Pfeffer auf das Rindfleisch. Dann nimmt er aus

der Tasche eine andere Dose mit Salz und streut Salz darauf. Er muß alles mögliche in den Taschen haben.
»Charašo? – Gut?« fragt er.
Ich nicke. Dann sitze ich wieder allein, der Leutnant ist schon irgendwo am anderen Ende der Koppel. Ich rutsche die Stangen herunter und stelle die Schüssel ab. Ich glaube, jetzt ist der richtige Augenblick gekommen; denn ich sehe auch die Wachtposten nicht. Ich könnte weglaufen. Jetzt könnte ich einfach der gesamten berühmten russischen Armee weglaufen. Ich überlege einen Augenblick, dann lasse ich diesen Gedanken fallen. Ich will nicht weglaufen. Ich gehe ruhig und harmlos zwischen den Pferden umher. Ich gehe zu *meiner* Stute. Am Tage kann ich sie mir genauer ansehen. Sie ist genauso dick wie unsere Julina. Ich fasse ihr linkes Vorderbein an, und sie hebt es gehorsam hoch. Ihre Hufe sind klar wie Marmorstein. Ich mustere vorsichtshalber alle vier Beine. Als wenn ich sie kaufen und nicht stehlen wollte. Dann stelle ich mich auf die Zehenspitzen. »Bleib stehen«, sage ich zu der Stute. »Mach kein Theater!« Ich öffne ihr Maul. Mit diesen Zähnen könnte sie zu einer Weltausstellung gehen. Es ist genau die richtige Stute für mich. Jetzt fühle ich, daß mich jemand beobachtet. Ich springe hoch, um zu sehen, wo der Leutnant ist. Ich sehe ihn nicht. Ich hocke mich nieder, um unter den Pferdebäuchen durchzusehen. Ich werde rot, denn ich sehe ihn: Er hat sich ebenfalls niedergehockt und mich unter den Pferdebäuchen hindurch beobachtet!
Danach schickt der Leutnant erneut eine Patrouille los. Es sind wieder vier Soldaten. Vor ihm liegt eine Landkarte auf der Erde, er zeigt ihnen etwas darauf, was dort eingezeichnet ist, dann macht er eine Handbewegung in Richtung Kirche. Er weiß sicher alles. Er weiß bestimmt auch, wo die Deutschen sind und wo sie ihre Kanonen, Panzer und so weiter

haben. Damals habe ich sogar geglaubt, daß der Russe allwissend wäre. Ich stehe an der Koppel und schaue zu, welche Pferde sie satteln. Ich habe Angst, daß sie auch meine Stute Julina II satteln werden. Nein, sie haben sie ausgelassen. Sie legen einen flachen Kosakensattel auf das magere Pferd neben ihr, und ausgerechnet ein sehr dicker Kerl sitzt auf. Als er in den Sattel steigt, stöhnt das Pferd. Julina II hat für die Patrouillenritte ein zu schweres Hinterteil, sie ist keinesfalls ein Rennpferd.

Der Leutnant ruft den Kosaken, der es am eiligsten hat und schon ein Stück weg ist: »Andrjuša!«

»Zděs!« antwortet der Soldat diszipliniert, aber ohne Begeisterung.

Der Leutnant zeigt ihm, er soll zurückkommen. Mit dem Pferd. Er soll absteigen. Sie schauen sich gegenseitig in die Augen, als wenn der Leutnant den Soldaten hypnotisieren wollte. Er fixiert den Kosaken, während er gleichzeitig mit der flachen Hand dessen Mantel abtastet, von den Schultern bis zu den Hüften. Er greift ihm in den Mantel, zieht eine flache, breite Flasche hervor. Sie ist aus Blech. Er macht sie auf, riecht daran und macht sie wieder zu, steckt sie in seine eigene Tasche. »Davaj!« sagt er. Das heißt, jetzt ist alles in Ordnung, und der Soldat kann den Patrouillenritt mitmachen. Der Leutnant kennt seine Leute genau.

Dann reiten sie auf den vier Pferden den Abhang hinauf; sie reiten Trab und liegen fast in den Sätteln; es sieht aus, als ob Reiter und Pferde über die niedrigen Stachelbeersträucher segelten.

Der Leutnant setzt sich gleichfalls auf die Stange der Koppel. Er raucht eine Zigarette. »Olin«, sagte er. »Kdě Brno?«

Ich stelle mich wieder an die Umzäunung, schaue mich um, um mich zu orientieren. Der Leutnant fragt genauso wie die

Deutschen gefragt haben. Die Soldaten sämtlicher Armeen – ob siegreich oder geschlagen – fragen hauptsächlich nach der Richtung. Ich schaue mich um, um zu sehen, wo Norden, Süden, Westen und Osten ist. Ich zeige ihm, wo Brünn vielleicht liegen könnte.

»Prága?« fragt er.

Das weiß ich auch. Ich zeige ihm, wo Prag ist.

»Ich hab ein Motorrad«, sage ich zu dem Leutnant. Dabei sehe ich die Stute an. Sie hat sich bis an die Stangen bewegt, steht ein bißchen von uns entfernt und macht große Augen. Mir scheint, daß sie auch ohne die Armee leben könnte. Sie sieht irgendwie unmilitärisch aus, soweit ein Pferd überhaupt eine menschliche Einrichtung vertreten kann. Der Leutnant schaut abwechselnd die Stute und mich an. Er ist nicht dumm. Bestimmt nicht.

»Što?«

»Ein Motorrad«, wiederhole ich. Ich tue, als hielte ich einen Lenker in der Hand, und ahme Motorgeräusch nach. Ich zeige mit dem Daumen auf mich. »Ich habe«, sage ich. »Ich... habe... maju.« Ich versuche mich in Russisch. »Maju... Motorrad!«

»Ty?«

»Da.«

»Tam«, und ich zeige zu dem Dickicht. »Es hat einen Seitenwagen«, sage ich. Ich zeige den Lenker und irgend etwas wie eine Kiste neben mir. »Maju... ein Motorrad mit einem Seitenwagen!«

Er muß eine großartige Phantasie haben. Er hat begriffen. Sofort springt er von der Stange herunter. »Idom! – Komm her!« sagt er. Er geht rasch. »Bystro! – Schneller!« sagt er. Die Aussicht auf Technik fasziniert den Leutnant. Er sagt ungefähr sechsmal das Wort »mašinka, da?« Er vergewissert

sich, daß ich ihn nicht zum Narren halte. Ich hätte mir das niemals erlaubt, schließlich ist er doch Leutnant.
Ich führe ihn zu der Ziegelsteinhütte. Unterwegs gibt er kaum acht. Ich begreife, daß Soldaten, die eine Schlacht durchgemacht haben, sich nicht von einzelnen Schüssen beunruhigen lassen. Niemand ist da. Zuerst bemerkt er das krepierende Pferd, das schon liegt. Es wittert uns, will aufstehen, aber es steht schon so schlecht mit ihm, daß es nicht mehr hoch kommt. Es versucht es einige Male, zuckt mit dem ganzen Körper, versucht Schwung zu bekommen, es kommt auf die Vorderbeine, erhebt sich halb auf die Hinterhand und fällt wieder auf die Seite.
Der Leutnant schaut in die Hütte, geht um sie herum, springt auf das Dach, sieht sich um, springt wieder herunter und kehrt zu dem krepierenden Pferd zurück. Ich glaube, daß er das Pferd kennt. Er streicht mit den Händen über seinen Rükken, sieht sich die Wunde an, und alles wird ihm klar. Er sieht den Verband am Hinterbein und schaut mich an. Er denkt wohl, daß ich das Pferd verbunden habe. Ich sage ihm nichts über Zyrill, dazu hätte ich ein Wörterbuch gebraucht. »Kaputt«, sagt er. Er meint das Pferd. Er sagt nichts, was ich nicht schon wüßte. Er nimmt seine Pistole heraus.
»Nein!« schreie ich auf. »Nein!«
»Idi, Olin. Idi«, sagt er. Er schiebt mich weg, zart, aber bestimmt. Er schiebt mich bis hinter die Hütte, auf die andere Seite, damit ich nichts sehe. Er ist sehr taktvoll. Ich stehe dort und lehne mich mit dem Rücken an die Mauer, rutsche langsam herunter, bis ich auf den Hacken sitze, die ich unter mir zusammengezogen habe. Ich schließe die Augen und halte die Ohren zu. Ein Schuß fällt. Ich bleibe hinter der Mauer so lange, bis der Russe zu mir kommt. Erst dann stehe ich auf.
Der Leutnant scharrte mit den Füßen das Reisig vom Motor-

rad weg. Er zog den eisernen Elefanten mit dem Seitenwagen hervor, faßte alle Hebel und Knöpfe an und musterte sie. Dann begann er, den Starter zu betätigen.

Er sagte, das sei eine »Charóši mašinka, Óčiň!« Er reparierte etwas am Motor. Der Motor sprang mit Getöse an. Der Russe strahlte vor Stolz.

»Davaj«, sagte er zu mir. Ich sollte mich in den Seitenwagen setzen. Er selbst schwang sich auf den Sattel hinter den breiten Lenker; um ihn anzufassen, mußte er seine Arme ganz ausstrecken. Wir fuhren sofort los. Wir jagten wie eine Rakete durch die Sträucher. Bis er sich mit der Lenkung vertraut gemacht hatte, hatten wir ungefähr acht junge Pflaumenbäume abgebrochen.

Im nächsten Augenblick flog das Rad des Seitenwagens über einen hohen Strauch, beinah wären wir umgekippt. Er fing es ab, wir kippten nicht; er lachte, und wir fuhren friedlich über einen Weg. Als wäre nichts gewesen!

»Olin!« schrie der Leutnant. »Charašó? – Gut?«

Ich versuchte, die Landschaft zu beobachten und sah, daß wir schon über Hanouseks Feld sausten. Wir fuhren Slalom zwischen den Misthaufen und den Baumlöchern. Hier gab es auch noch andere Löcher, quer über das Feld verstreut; ich hatte sie vorher übersehen. Der Leutnant riß die Maschine ins Gebüsch.

Wir fuhren zehn Meter durch den dichtesten Urwald, als wenn es nichts wäre. Dann durch den Bach... Es machte einen Heidenspaß. Wirklich. Auch dem Leutnant machte es Spaß. Ich sah es an seinem Gesicht. Er jagte das Motorrad direkt den steilen Abhang hoch. Er hatte Freude daran; die Kriegsgeschehnisse waren wahrscheinlich sehr eintönig und langweilig.

»Charašó, da?« fragte er mich.

»Großartig«, sagte ich.
»Charašó«, schrie er und gab Vollgas.
Wir jagten zwischen den Linden hindurch. Von hier aus sausten wir über das Luzernenfeld, das unübersehbar große Feld. Wir schrieben mit den Rädern Kreise, Achten und Schlangenlinien. Er suchte eine Zigarette, beugte sich nach hinten und lenkte das Motorrad mit den Füßen. Er zündete sie an. Dann stellte er sich zu meiner Bewunderung auf das Motorrad.
»Olin, smatri! – Schau her!«
Der Leutnant hielt das Gleichgewicht. Er hielt es wie auf einem Pferd. Das Prinzip ist eigentlich das gleiche, es ist eine Sache der Balance. Er setzte sich wieder auf den Sattel und schaute sich weitere Hebel an. Ich stellte mich in den Seitenwagen. Ich mußte mich aber festhalten, damit ich nicht herausfiel.
»Sidi, Olin!« schrie er. »Nět, nět, sidi!«
Ich wollte ihm beweisen, daß ich es auch konnte, damit er nicht dachte, daß wir als Volk minderwertig wären.
Wieder stellte er sich auf den Sitz, breitete seine Hände wie ein Seiltänzer aus.
»Sidi, Olin, a smatri! – Setz dich, Olin, und schau her!«
Jetzt war eine Knarre zu hören. Ta-ta-ta-ta. Ich drehte mich um und erkannte ein Maschinengewehr. Ich sah es nicht, sondern ich hörte es nur. Gleich darauf ein schwerer Schlag, als wenn ein Faß gefallen wäre, direkt neben mir! Ich drehte mich wieder um: der Leutnant war auf das Motorrad gefallen... In diesem Augenblick ahnte ich noch nicht das Schlimmste, ich dachte, er hat das Gleichgewicht verloren und ist auf den Bauch gefallen!
Das Motorrad kommt aus der Bahn. Die Lenkstange dreht sich in Gegenrichtung um. Ich falle herunter, alles geschieht in wenigen Sekunden; überall neben uns wird geschossen, als

wenn ein Kegelturnier im Gange wäre. Das Rad hat sich überschlagen. Ich liege auf dem Gesicht. Das Kleefeld ist so hoch wie mein liegender Körper. Glücklicherweise hat uns das Motorrad nicht verletzt; es ist ein Stück neben uns umgekippt. Ich atme. Ich lebe. Ich atme in die Erde, auf Halme und Käfer, die ich vor den Augen habe. Die Schießerei geht über mich hinweg. Sie füllt die ganze Landschaft aus. Ich höre auch schwere Detonationen. Es spielt sich irgendwo hinter uns ab, hinter meinem Rücken. Hinter meinem Rücken liegt der Gutshof. Dahinter ist dann die Landstraße. Und noch weiter hinten ist der Fluß. Ich habe Angst. Ich begreife das alles nicht. Vor Schreck hab ich eine Gänsehaut bekommen; ich fühle sie. Sie ist dick und bedeckt den ganzen Körper, so daß man darauf Gemüse reiben könnte. Nun hebe ich doch den Kopf ein wenig hoch. Nur etwas... Ich sehe, wie die Deutschen aus dem Wald laufen. Sie laufen auf uns zu, haben Stahlhelme und graue Uniformen an, und neben ihnen fahren große Panzer. Auf der anderen Seite, an der Kirche, wird auch geschossen. Vom Turm ist das Dach weggeflogen, es fällt auf das Kirchendach, welches durchbricht.

Ich schleiche zu dem Leutnant, damit ich bei ihm bin. Ich kratze die Erde unter den Nägeln weg. Es ist möglich, daß meine Nägel abgebrochen sind. Ich finde, daß der Leutnant etwas tun müßte, er könnte Befehle erteilen, er sollte sie besiegen, die Deutschen.

Die Luft wird durch die Schießerei zerrissen, es gibt nichts anderes als nur diese Schießerei. Hier liegt er. Ich bin bei dem Russen. Er starrt irgendwohin. Er liegt auf der Seite. Ich presse mich an seinen Körper, fühle mich dadurch sicherer. »Die Deutschen«, sage ich zu ihm. »Die Deutschen.« Ich wiederhole es einige Male und drücke mich eng an ihn. Er rollt auf den Rücken. Jetzt sehe ich ihn mir genauer an. Er liegt mit dem Gesicht nach unten, aber er hat keinen Rücken mehr, nur einen großen Fleck auf der zerrissenen Militärjacke: Blut.

»Oh, oh«, jammere ich vor mich hin. Einige Sekunden schweige ich vor Entsetzen über die riesige Wunde. Dann ziehe ich mich zurück. »Die Deutschen«, sage ich wieder. Mir fällt nichts anderes ein, was ich ihm sagen könnte. Ich will nicht daran denken, daß er tot ist, sondern ich denke dauernd, er muß doch leben! Ich schleiche um ihn herum, auf seine andere Seite. Seine Hände sind ausgebreitet, und in einer Hand hält er krampfhaft ein Stück Klee. Ich ängstige mich. Ich hab Angst vor ihm. Vielleicht ist es blöd, aber ich ängstigte mich damals vor toten Menschen. Ich weiß nicht, warum, aber in ihrer Nähe verspürte ich Beklemmung.

Ich liege hier, zittere und weiß nicht, was ich tun soll. »Leutnant«, sage ich. Mein Mund ist trocken. »Leutnant! Ich bitte Sie...« Dann wage ich mich doch näher heran, packe ihn an der Schulter und drehe ihn mit aller Kraft um. Ich lasse ihn wieder los. Jetzt weiß ich, daß er tot ist. Ich will aufstehen, erhebe mich auf die Knie. Ein Panzer schießt, er fährt hinunter zu den Gebäuden, wo die Kosaken sind. Ich drücke mein Gesicht in die Hände. Wenn ich ausatme, kommt mein heißer Atem zurück in mein Gesicht. Ich liege regungslos. Ich weiß nicht, wie lange ich damals dort gelegen und geweint habe. Und ich will es nicht glauben. Noch einmal drehe ich mich zu ihm um. Ich achte weder auf sein Gesicht noch auf seine Wunde, ich suche sein Herz. Das ist mir in dem Augenblick eingefallen: Ob sein Herz schlägt? Ich horche, aber in seinem Brustkorb ist es ruhig. Wieder krieche ich ein wenig weg. Der Leutnant ist wirklich tot. Ich höre meine Zähne klappern. Rings um mich nur Schüsse, Motoren, Schritte und deutsche Stimmen. Es ist mir egal, was jetzt in Europa geschieht.

Ich sehe, daß der Leutnant noch in der letzten Sekunde seine Pistole gezogen hat, aber sie liegt nutzlos neben seiner Hand. Auch die Tasche liegt hier, die ihm aus der Hosentasche herausgefallen war. Alles verschwimmt vor meinen Augen. Ich sehe wie durch ein Fensterglas bei Regen. Neben der Tasche liegen fremdes Geld, ein Brief und Fotografien irgendeiner Frau und irgendeines Mannes in Uniform. Die Schüsse kommen näher. Sie werden lauter, und mir scheint, sie werden mich verschütten und ersticken. Hier werde ich sterben, rast es mir durch den Kopf. Jawohl, hier ist mein letztes Plätzchen. Erstarrt und erschöpft schließe ich die Augen.

Ich mache die Augen auf und bin noch neben dem toten Leutnant. Ich springe auf und laufe. Hauptsache, weg von hier, irgendwohin! Weg aus diesem flachen Feld.

Ich springe in das nächste Gebüsch. Auf dem Hintern sause ich den Hang hinunter. Ich laufe geduckt durch das trockene Gras, sehe, wie ein Stück vor mir Erde in die Luft fliegt. Es sind ganze Brocken. Die Einschläge kommen bis zu mir, es müssen Kanonen sein. Damals habe ich gedacht, daß sie tatsächlich auf mich zielen. Mit einem Blick sehe ich, daß es auf dem Gutshof brennt. Dort wird am meisten geschossen. Ein Einschlag ist so nahe, daß ich mich in der nächsten Sekunde wieder hinwerfe.

Ich stehe auf und laufe weg. In Gedanken und ohne daß ich mir die Richtung überlege, komme ich zur Hütte.

Die Hütte ist zusammengebrochen. Nur Balken sind noch zu sehen. Dafür ist ein Krater da. Wo die Steinhütte stand, ist jetzt ein Loch in der Erde. Und weitere drei in der gleichen Reihe. Ich springe zum Reisighaufen, unter dem das Motorrad versteckt war. Ich möchte mich selbst dort verstecken. Ich stecke die Finger in die Ohren. Ich weiß nicht, wer gegen wen kämpft. Ich weiß nicht, wer wo ist, wo die Russen und wo die Deutschen sind. Ich presse die Handflächen gegen meine Ohren.

Da spritzt die Erde hoch, ein Wasserfall ergießt sich über mich; es regnet Erdklumpen auf den Reisighaufen. Etwas kracht furchtbar. Die Erde zittert. »Mutti!« schreie ich. »Mutti!«

Ich weiß nicht, wohin ich laufen soll, wühle mich unter den Haufen vertrockneter Sträucher. Das wird mich kaum retten! »Mutti!« Ich klappere mit den Zähnen. »Mutti!«

Wenn ich sterbe, wird mein Grab auf dem Friedhof an der Steinmauer sein. Kinder bekommen ein einfaches, weißes Kreuz und eine Blechtafel mit dem Namen. Ich lese meinen Namen ganz deutlich: OLDRICH VAREKA. Unter dem ovalen Glas wird mein Bild zu sehen sein. Ich habe die Matrosenjacke mit den Ankern an. Die Mutter kommt zu meinem Grab. Sie hat eine Gießkanne in der Hand und pumpt vorher Wasser an der Friedhofspumpe, die abscheulich quietscht. Dann begießt sie die Veilchen, die sie über mir in die Erde gepflanzt hat. Sie stellt eine große Kerze aufs Grab. Ich glaube, es ist die Lichtmeßkerze, die von der Firmungszeremonie. Sie zündet sie an. Sie weint. Sie geht weg...

Ich schichte mir noch mehr Reisig über den Kopf, decke mich mit den Händen ab; die Schießerei hört nicht auf.

»Vater unser, der du bist im Himmel...« sage ich. Ich höre, wie ich sehr schnell plappere.

Erde spritzt in den Reisighaufen. Ich halte die Augen fest geschlossen.

Jetzt hebe ich den Kopf. Auf einmal hört die Schießerei auf. Ich höre hauptsächlich Motoren, viele Motoren. Vom Gutshof steigt Rauch hoch. Er vermischt sich mit dem Himmel. Das Feuer prasselt, der Schober brennt. Etwas brennt auch oben in der Kirche.
Ich knie mich aufrecht hin, recke den Hals. Dann stehe ich auf, bleibe aber geduckt, falls ich mich sofort wieder hinlegen muß. Ringsum ist niemand, weder die Deutschen noch die Russen. Vielleicht träume ich jetzt und bin schon tot. Aber hinter der zerstörten Hütte liegt das erschossene Pferd... Mir ist alles egal. Mich interessieren weder das Pferd noch das Motorrad, noch meine Schuld, keine meiner unzähligen Dummheiten. Nur eines interessiert mich: meine Mutter!
Ich laufe den Abhang hinauf, den Kopf habe ich geduckt, fast zwischen den Knien. Vom Fluß her kommen russische Jagdflugzeuge. Es ist keineswegs eine tote Landschaft, wie ich glaubte. Ich höre nicht auf zu laufen. Ich sehe, daß dort oben an den Linden ein Panzer brennt. Es kann aber auch ein Lastwagen sein. Den Gutshof hat es am Dach erwischt. Es laufen dort viele Pferde herum. Ich kenne nur ein Ziel, den Weg nach Hause. Ich laufe, ohne Rücksicht darauf, was mir passieren könnte. Ich stolpere über einen Misthaufen auf Husareks Feld. Ich schlage Haken zwischen den Baumlöchern und springe über sie weg, damit ich mich nicht aufhalte. Es laufen dort vielleicht zwanzig Pferde; ich könnte mir irgendein Pferd aussuchen. Aber ich denke nur an meine Mutter, ob ihr nichts geschehen ist; niemals vorher hatte ich solche Furcht wie jetzt.

Ich renne durch die Baumallee vom Gut zum Dorf. Ich muß im Straßengraben laufen, weil auf dem Weg die Panzer fahren und die Lastwagen hinter sich die Kanonen ziehen, überall

sind wieder große Staubwolken zu sehen. Ich muß bis auf das Feld ausweichen, weil einige Russen im Graben einen Reifen reparieren. Niemand von ihnen beachtet mich.
Ich bin froh, daß sie es waren, die die Schlacht gewonnen haben. Sie haben es sehr eilig. Sie sind hinter den Deutschen her; sie wollen sie sicher einholen. Ein Russe auf einem Motorrad überholt; wie ein Akrobat fährt er durch den Straßengraben, hoch und herunter und wieder zurück auf den Weg.
Auf der Wiese neben dem Transformator stehen viele Lastwagen und Soldaten. Ich werfe einen Blick auf den Turm des Feuerwehrhauses, dort weht eine Fahne. Es ist eine rot-blau-weiße Fahne, die tschechoslowakische Fahne.
Ich sehe schon die ersten Häuser unseres Dorfes und auch hier lauter Fahnen. Ich sehe auch rote Fahnen. Im Dorf spielt eine Kapelle. Ich höre sie undeutlich, weil ständig Lastwagen vorbeifahren. Die Menschen werfen den Russen Blumen zu wie an Fronleichnam. Aber die sind sehr müde; vielleicht sehen sie das gar nicht. Ihre Gesichter sind bedeckt mit schwarzem Staub. Ich springe hinter den Zaun, weil an dem Weg neben dem Steinhaufen unser Lehrer steht. Er hat die Legionärsuniform angezogen und auch seine Orden umgehängt. Er salutiert ununterbrochen und schreit: »Hoch!« Er sieht in der Uniform bedeutender aus als alle anderen. Als wenn er den Krieg gewonnen hätte. Ich laufe hinten um den Ziegelsteinhaufen herum. Die Menschen stehen rings um die Wege und vor den Häusern und jubeln. Ich taumele an den Leuten vorbei. Selbstverständlich warten hier auch die piepsige Andula Slejhova und die anderen Mädchen; alle haben die Nationaltrachten angezogen. Zwischen ihnen ragt die Lehrerin auf, sie trägt südmährische Tracht. Alle rufen im Takt: »Es lebe die Sowjetunion!«

Andula sieht mich. »Kleiner!« schreit sie auf. »Deine Eltern suchen dich. Die Deutschen haben dich nicht getötet?«
»Doch«, sage ich. »Sie haben mich getötet. Ist euch ein Schwein im Versteck erstickt?«
Sie ist beleidigt, die langbeinige Ziege.
»Reihe dich ein, Vareka«, sagt die Lehrerin. Ausgerechnet die, denke ich mir.
»Es lebe Marschall Stalin!« schreit die Lehrerin. »Vareka, reihe dich ein, gebt ihm auch ein Fähnchen!«
»Es lebe...«
Wirklich eine Million Fahnen...
Zuerst trinke ich an der Pumpe Wasser. Hier spielt Kelbls Kapelle. Es ist die Kapelle unseres Dorfes für Begräbnisse und Feste. Sie spielen in Feuerwehruniformen, und ihre Helme sind auf Hochglanz poliert.
»Olin!« ruft Anna. Sie läuft mir nach. Ich mache auch ihr eine lange Nase und laufe weg. Die Gemeindewaage hat auch einen Treffer abgekriegt, und ringsum sind die Fensterscheiben zersplittert. Die Bauern vernageln sie mit Brettern. Der Tierarzt hat die tschechoslowakische Offiziersuniform an, und ich erfahre somit tatsächlich erst 1945, daß auch unser kleiner Staat vor dem Krieg eine Armee gehabt hat. Es wundert mich. Hier stehen viele Menschen mit Gewehren. Ich weiß nicht, wo sie sie hergenommen haben; auch der Eisenbahner Slejha, der die Deutschen während des Krieges nur dadurch schädigte, daß er aus den Eisenbahnwaggons klaute, hat plötzlich eine Waffe. Alle Knechte, die auf dem Gutshof beschäftigt waren, sind bewaffnet. Ich schaue einen Augenblick dem Kirchendiener zu; er versucht, eine Fahne am Pfarrhaus auszuhängen. Aber die Leine rutscht ihm weg. Mit den Zähnen macht er einen Knoten auf. Er winkt, schreit: »Vivat!«

Ich gehe bis dorthin, wo die Russen zur Landstraße abgebogen sind. Sie sollen in Richtung Prag fahren. An dem Gemeindehaus ist nicht mehr die deutsche Aufschrift; auf der Tafel steht jetzt mit großen Buchstaben: Es lebe die Republik! Und darüber wehen eine rote und unsere Fahne. Ich bleibe stehen. Auf dem Weg, hinter einem Auto, läßt sich Bertina Petrzelova mit einigen Soldaten fotografieren. Soldaten sind eben Soldaten. Ob Deutsche oder Russen, das ist egal. Ich drehe mich um, weil oben in der Nebengasse ein großer Lärm ist und viele Menschen dort sind.
Ich laufe durch die Gasse. Das ist am nächsten. Über die Rükken der Menschen kann ich nichts sehen. Ich klettere auf einen Drahtzaun und recke den Hals, aber jemand gibt mir eine Ohrfeige, damit ich herunterkomme, damit ich den Zaun nicht zerbreche, damit ich auf unseren eigenen Zaun hochklettere. Es ist die Frau, die Eichkätzchen genannt wird.
»Olin, warst du schon zu Hause? Deine Eltern suchen dich!«
Aus ihrer Stimme klingt wirkliche Sorge.
»Ja!« sage ich über die Schulter und laufe wieder weiter. Ich will mich nicht gerade mit Eichkätzchen unterhalten, wenn die Republik befreit ist. Aber ich bleibe stehen. Plötzlich bleibe ich stehen. Erst jetzt sehe ich, wen sie dort haben – wen sie dort führen. Ich klettere auf einen Haufen Balken; von hier aus sehe ich über die Menschen hinweg. Der Menschenhaufen rückt wie eine Wand vor. Allen voran geht Vitlich. Zyrill geht, als führe er die Menschen an; aber es scheint mir, daß sie ihn jagen. Er hat nur Hose und Pullover an und ist müde. Er geht barfuß. Ich sehe, daß er mehr verprügelt wurde als ich. Aber in diesem Augenblick schlägt ihn niemand mehr. Sie gehen an den Balken vorbei, auf denen jetzt viele Menschen stehen, und sie werfen Steine nach ihm.
Er will laufen, aber sie laufen nicht hinter ihm her, denn sie

sind sicher, daß er ihnen nicht weglaufen kann. Sie schreien nur: »Lauf nicht! Geh langsam!«
Er gehorcht ihnen, sagt nichts und hört auf zu laufen. Das überrascht mich. Wieder geht er vor ihnen her, sie rücken wirklich wie eine lebendige, drohende Mauer hinter ihm her. Ich begreife nichts und reiße den Mund auf.
Ich denke weder an Julina, daß sie weg ist, noch an die Deutschen, daß sie auch weg sind, noch an die Russen, daß sie endlich da sind. Mein Kopf beschäftigt sich mit dem Rätsel um Zyrill.

Wieder wirft jemand einen Stein nach Vitlich. Er trifft ihn nicht, der Stein fällt neben ihn, prallt ab und trifft die Hausmauer. Vitlich weicht den Steinen nicht aus. Er dreht sich auch nicht nach jemandem um. Unter den Leuten sehe ich auch schon Kadera, Cumat, Vasak und Res. Auch der Tierarzt in Uniform ist mitgekommen. Es wimmelt vor Menschen; vielleicht einhundert Menschen sind hier, und dazu der Förster.
Zwischen ihnen allen und Vitlich ist ein fünf Meter breiter freier Raum. Weitere Steine fliegen. Einer davon trifft ihn am Bein. »Du Denunziant!« schreit der Förster Vitlich an. Einer von den Knechten vom Gutshof schreit Zyrill zu: »Wieviel hat Singer dir gezahlt, du Lump?«
Alle in der Menschenmenge sind wie in einem Fieber. Bis hierher klingt vom Dorfplatz Kelbls Musikkapelle, und von der Kreuzung dröhnt der Motorenlärm der vorrückenden siegreichen Armee.

»Wieviel hat er dir gezahlt, daß du den Verräter gemacht hast?! Wen hast du denunziert?!«
Ich gehe am Rande der Menschenmenge entlang. Ich kann und will auch nicht in die erste Reihe.
»Daß die Deutschen dich nicht mitgenommen haben?« lacht Slejha Vitlich aus. Auch Slejha ist hierhergelaufen, und das Gewehr trägt er in der Hand. »An wen hast du die Denunziantenbriefe geschrieben?« Slejhas Aufschrei überrascht mich so, daß ich stehenbleibe. Slejha hat eine rote Binde um den Arm, eine rote Binde auf der Eisenbahnermütze und auf dem Jackettaufschlag ein großes rot-blau-weißes Fähnchen, das so auffällig ist wie die Fähnchen in den Fenstern.
Ein Stock fliegt durch die Luft, knallt Vitlich gegen den Rükken. Es ist ein starker Schlag, Zyrill fällt auf Knie und Hände, aber er schreit nicht; er schweigt und erhebt sich wieder. Seine Stirn steht voll Schweiß, der an seinen Augen vorbeifließt, über die Wangen bis zum Kinn rinnt. Sein großes, zerschlagenes Gesicht ist wie betaut. Sein Hemd hängt aus der Hose, und die Hose muß er dauernd hochziehen, weil sie rutscht. Jetzt fliegen ständig Steine neben ihn. »Wer hat uns die Deutschen ins Haus gebracht?« schreit auch Kadera. Ich glaube, Vitlich hört ihn gar nicht.
»Du Sau! Wer hat mich bei der Gestapo denunziert?« Vor Kaderas Haus hat wirklich einmal ein schwarzes Auto gehalten. Vitlich war mit den Deutschen ausgestiegen. Sie haben Ledermäntel angehabt. Sie gingen ins Haus und kamen mit Kadera heraus; sie nahmen ihn mit. Vitlich trat damals von einem Fuß auf den anderen und schaute sich um, ob ihn auch keiner sah. Der Dorfplatz war leer, alle hatten sich hinter den Blumentöpfen und hinter den Fenstervorhängen versteckt.
Kadera war ungefähr vier Stunden inhaftiert (für den Rest

seines Lebens hat er das immer in den Fragebogen angegeben). Singers Wagen brachte ihn damals im Regen zurück. Er stieg selbstsicher aus. Der Großgrundbesitzer brachte ihn persönlich zurück und verabschiedete ihn aus dem Auto heraus; sie lachten und reichten sich die Hände. Kadera ging großspurig zum Tor, damit alle sahen, daß auch die Deutschen ihm nichts anhaben konnten.
»Wer Geld hat, der kommt aus allem heraus«, sagte damals mein Vater.
»Fünfundzwanzig auf den Arsch!« schreit Cumat. Sie hetzen Vitlich jetzt. »Strick!« schlägt ein anderer vor. »Strick um den Hals! Alle Kollaborateure aufhängen! Es lebe die Republik!«
Wir sind schon draußen vor dem Dorf, hinter den Häusern. Wir gehen zu Vitlichs Haus. Die Leute sind nicht nur hinter Vitlich, sondern auch um ihn herum wie eine Klammer. Er ist von ihnen umringt. Sie halten aber immer noch Abstand, damit er allein geht, damit sie ihn sehen können. Jetzt werden wieder Steine geworfen. Einer hat ihn am Kopf getroffen; das Blut fließt ihm hinten den Hals herunter. Es sickert an der Schulter in den Sweater hinein. Er wischt es nicht ab; er fühlt es nicht, weiß gar nicht, daß er blutet.
Ich bleibe stehen, damit alle Menschen vor mir gehen. Ich gehe hinter ihnen her. Ich will nichts mehr sehen. Das alles erscheint mir unwirklich. Motoren sind nicht mehr zu hören, dafür nur noch Musik.
»Laßt ihn nicht ins Haus hinein!« höre ich. »Er hat ein Gewehr zu Hause!«
Sie fangen an, ihm nachzulaufen. Er steht ganz allein da. Ich beiße mir auf die Lippen. Ich sollte besser zurückbleiben!
Vitlich ist jetzt eingekreist. Ich blicke zwischen einigen Körpern durch, aber ich weiß nicht, neben wem ich stehe. Sie

haben den Garten umstellt. Einige stehen an der Tür des Hauses, damit er nicht hineingehen kann.
Die kleinen Hunde, die am Schuppen herumlaufen, begreifen nichts. Isa läuft zu Vitlich, aber jemand wirft einen Stock nach ihr. Sie knurrt und geht zum Schuppen zurück. Die Steine fliegen in die Fenster des Hauses, und das Glas spritzt heraus.
Zyrill Vitlich stand zwischen den Beeten. Er konnte nirgendwohin ausweichen.
Bis heute kann ich mich an diesen Augenblick ganz genau erinnern. In seinem Garten blühten einige Fliedersträucher, der Nußbaum hinten leuchtete hellgrün und trug eine volle Krone. Er stand mitten im Licht, die Sonne ging langsam unter und funkelte durch die Zweige.
Ein Stein traf Vitlich ins Gesicht, und er faßte sich mit der Hand an die Wange. Nur für einen Augenblick schien es, als wolle er etwas sagen, anfangen zu betteln. Er sagte nichts. Die dumme, jubelnde Nationalmusik dudelte ständig weiter. Als wäre eine Tanzerei im Wirtshaus und die Musik aus dem Dorf bis auf die Felder zu hören.
»Knie nieder, du Sau!« schrie Kadera. »Knie nieder und bitte ab!«
Vitlich stand, er kniete nicht nieder und sah Kadera nicht an.
»Du Sau, auf die Knie!« Wieder flogen Steine und Stöcke. Ein Stock traf einen der kleinen Hunde; er knurrte und lief über den Hof weg.
Einige Männer kletterten über den Zaun, brachen Zaunlatten ab, starrten Vitlich an und schrien: »Kannst du nicht bitten, du Schwein?!«
Ich hörte Res sagen: »Kannst du nicht für das, was du angerichtet hast, abbitten?«
Vitlich tat einen Schritt. Jetzt stand er an der Pumpe und hielt

sich fest; er zitterte am ganzen Körper und war sehr schwach. Ich merkte nicht, daß meine Wangen naß wurden, daß ich weinte. Jemand stieß mich weg, aber ich fand wieder einen Spalt, um zu sehen. Ich hatte Angst um Vitlich. Ich war damals noch in dem glücklichen Alter, wo man sich die Welt nur in eine gerechte und eine ungerechte teilt.

In diesem Augenblick stand Zyrill Vitlich auf dem Zementrand der Pumpe. Er hielt sich an der Pumpe fest. Die Männer rückten näher und näher. Zyrill schob mit dem nackten Fuß den Blechdeckel der Pumpe weg. Der Deckel glitt klirrend über den Rand. Die Musik im Dorf war immer noch zu hören.

Er schaute nicht unter sich. Er wußte ganz genau, daß der Brunnen unter ihm aufgedeckt war. Bis heute sehe ich seine nackten, geprügelten, blutigen Füße auf dem Zementrand des Brunnens.

Sie hörten auf, Steine zu werfen.

Die Männer blieben stehen. Manche waren schon zwischen den Beeten und andere auf dem Zaun; einer hatte sogar ein Bein oben zwischen den Zaunbrettern auf der obersten Querstange und das andere Bein noch unten: Er verharrte in dieser Stellung. Auch Kadera erstarrte. Cumats Hand, bereit, einen Stock zu werfen, verharrte. Slejha stand, als wäre ihm der Zug weggefahren. Der Tierarzt hatte Vitlich und allen Männern zugerufen: »Stehenbleiben!« Seine Stimme verriet die Beklemmung. Als einziger wollte er etwas verhüten. Alle schwiegen, und es war die tiefste Stille, die ich je erlebt habe. Zyrill Vitlich sah keinen von uns an, auch mich sah er nicht. Ich erkannte, was er tun wollte. Er würde nicht abbitten. Ich wollte aufschreien, ich kniete vorn am Zaun, das Gesicht hatte ich an die Zaunlatten gedrückt, und mit den Händen hielt ich mich an den Brettern fest.

»Sei nicht närrisch!« Der Tierarzt hielt es nicht mehr aus.
»Zyrill!«
Zyrill Vitlich sah wahrscheinlich nur einen Baum, die dahinsegelnde Sonne und die grüne Wiese. Er schaute abwesend über die Menschenmenge hinweg. Dann bewegte er sich. Ich schloß schnell die Augen. Es war ein Aufprall auf Eisen zu hören, das Stahlrohr der Pumpe und der Blechdeckel klirrten, den er berührt hatte. Ein dumpfer, tiefer Fall ins Wasser; aus dem Innern der Erde war der Aufprall bis an die Oberfläche zu hören.
Alle liefen jetzt in den Garten. Sie rissen den Zaun nieder, sie schrien. Viele Stimmen waren zu hören, aber keine Stimme deutlich genug; plötzlich wollten sie alle Vitlich retten.
Als ich die Augen wieder aufmachte, sah ich den kleinen Hund. Er schlüpfte durch den zerfetzten Zaun, blieb stehen und schaute mich an.
Ich drehte dem Haus, den Menschen, meinen Mitbürgern, den Rücken zu. Ich lief schnell weg.
Ich konnte nicht mehr an Zyrill Vitlich denken. Ich dachte an den jungen Hund, an seinen kleinen, gefleckten Kopf. In diesem Augenblick beneidete ich alle kleinen Hunde um ihr armseliges, wertloses Leben, weil es mir unvergleichlich schöner als das der Menschen erschien.

Ich rannte. Aber ich wußte nicht, wohin. Die Dinge zu beiden Seiten des Weges verwandelten sich in eine schmutzige Wand aus mattem Glas. Bäume, Ziegelei, Wasserwaage, Häuser, Fahnen, Gesichter, Kirche, Russen, Gemeindetafel. Mein Atem und das Klatschen meiner Fußsohlen waren die einzigen Laute. Mein Herz klopfte bis zum Hals.

Ich nehme eine Abkürzung zu unserem Haus. Hier ist schon mein Haus, unser Haus...

Die Mauer, das Dach, die Tür, die Fenster, das Tor, alles, was ich kenne, was ich habe. Ich ergreife die Türklinke. Ich drücke sie herunter, aber es ist abgeschlossen. Ich klettere an der Tür hoch und greife mit der Hand nach oben, wo immer der Schlüssel liegt, wenn meine Eltern weg sind. Der Schlüssel ist aber nicht da. Ich hebe den Blechdeckel vor dem Schlüsselloch hoch. Der Schlüssel steckt von innen. Es ist von innen abgeschlossen worden. Ich poche mit der Faust an die Tür. Dann klopfe ich an ein Fenster. Auch an die Scheiben der anderen beiden Fenster klopfe ich, jedoch ohne Erfolg. Ich laufe zum Tor, wo immer noch mit Kalk geschrieben steht:

TYPHUS!

Ein neues Wort ist nun dort zu lesen:

TSCHECHE!

Auch die rot-blau-weiße Fahne ist dort angeschlagen. Sie ist schnell zusammengeflickt worden, liederlich und unregelmäßig. Die Nägel halten sie auf den braunen Torbrettern. Ich poche heftig an das Tor, lege mein Auge an den Spalt, durch den ich auf unseren Hof schauen kann. Es ist ein Astloch.

Ich habe noch einen trüben Blick, alles verschwimmt. Aber dann blinzle ich und sehe unseren Hof ganz deutlich. Ich sehe den Vater, wie er zum Tor schaut. Er ist sicherlich erschrokken, daß es so heftig ans Tor pocht. Auch die Mutter ist auf dem Hof. Sie laden Möbel vom Wagen ab... Sie laden gelbe Schränke, Bettstellen, Tisch und Stühle ab. Ich erkenne die Möbel vom Gutshof wieder. Das sind doch die Schränke, die ich bei den Singers gesehen habe. Sie laden sie vom Wagen mit den Gummireifen ab, den Vitlich demontiert hat. Mein Vater hat selbstverständlich die im Stroh versteckten Räder gefunden. Ich freue mich, daß meine Mutter lebt. Ich will sie rufen, aber ich schweige. Ich gehe zu einem größeren Spalt im Tor. Ich muß mich auf die Zehenspitzen stellen, um mein Auge darauf zu legen. Vor den Wagen, den sie mitgenommen haben, sind Pferde gespannt... Ich weiß nicht, was das für Pferde sind, wo mein Vater sie hergenommen hat. Zwei Pferde sind vor den Wagen gespannt; das dritte Pferd ist mit einer Pferdeleine an den Wagenkasten angebunden. Wieder poche ich an das Tor. Mein Vater schaut die Mutter an, und erneut dreht er sich dem Tor zu.

»Ich komme schon!« ruft er. »Ich komme schon!«

Er beginnt, die Pferde schnell auszuspannen. Denn er weiß nicht, wer hinter dem Tor steht. Ich sehe, daß er sie verstecken will. Meine Mutter führt die Pferde in den Stall. Dabei schauen sie ständig besorgt zum Tor.

Aber ich poche nicht mehr ans Tor, ich schaue auch nicht mehr in den Hof hinein.

Gegen das Tor werden Steine geworfen.

Ich drehe mich um, und ich weiß nicht, wieso ich die Wagen der Jungen überhört habe. Sie kommen auf dem Feldweg an unserem Haus vorbei. Sie kehren aus dem Wald zurück. Es sind dieselben, die in den Wald gefahren sind. Es war eigentlich erst gestern früh, aber es scheint mir schon ein Jahr her zu sein.

Es sind Kadera, Cumat, Res und Vasak, die größten Hornochsen der Welt. Cumat hat immer noch die Kühe an seinem Wagen angebunden.

Sie werfen Steine nach mir. Sie schreien mir Drohungen zu, springen von den Wagen ab, um mit mir die alte Rechnung zu begleichen. Es dauert einen Augenblick, bevor ich die Idioten wahrnehme. Ich muß mich erst an die Zusammenhänge erinnern. Und dann wird es höchste Zeit, ich muß schnell weglaufen, damit sie mich nicht gleich am ersten Tag der befreiten Republik verprügeln; denn darum geht es wahrscheinlich. Ein Stein trifft mich. Sie laufen hinter mir her, jagen mich rund um unser Haus in die Felder, zu den Scheunen. Auch Josef läuft hinter mir her. Ich laufe so schnell ich kann. Ich weiß, daß sie mich einholen werden. Sie haben mich bisher immer eingeholt. Dem Josef konnte ich bisher noch nie weglaufen.

Einer von ihnen hält mich schon an den Schultern fest. Sie schlagen mich, doch ich wehre mich nicht. Sie werfen sich auf mich, und ich kann mich nicht wehren, denn ich habe keine Kraft mehr im Körper. Ich verstehe nicht, was sie schreien, aber ich weiß, daß sie mich beschimpfen. Sie treten auf meine Hände.

Es ist mir nun auch egal, was sie mit mir tun.

Vielleicht wollen sie mich erschlagen. Aber auf einmal hören sie auf, mich zu prügeln. Sie stehen über mir, rund um mich herum. Ich höre Musik aus dem Dorf. Jetzt wird die feierliche Melodie, die Nationalhymne, gespielt. Sie erschlagen mich nicht, sie tun etwas noch Schlimmeres, sie bepissen mich.

Ich liege auf dem Gesicht. Mit den Händen schütze ich meinen Kopf. Sie wiehern vor Lachen. Schweine! Dann lassen sie mich liegen und laufen weg.

Ich weine nicht, aber ich bleibe lange liegen. Es dauert eine Ewigkeit, bis ich aufstehe. Ich greife unters Hemd und nehme die Schleuder heraus. Neben meinem Fuß liegt ein Stein, gerade einer, der in die Schleuder paßt. Ich hebe ihn auf, lege ihn in das Leder und spanne das Gummi.

Aber sie sind schon hinter der Scheune verschwunden, ich kann sie nicht mehr treffen. Dafür ist der Dachfirst voller

Tauben. Sie sitzen immer da. Ich schieße in die Tauben, schieße, fast ohne zu zielen, und ich weiß nicht einmal, warum ich das tue.
Sie fliegen hoch.
Eine Taube gleitet mit ausgebreiteten Flügeln herunter ... Sie kommt bis zum Dachrand, dann fällt sie in das grüne Gras. Die übrigen Tauben steigen hoch wie eine weiße Wolke. Ich schaue dem Schwarm nach. Dann lasse ich mich auf die Erde fallen. Ich schreie nicht, schaue nach oben.
An dieser Stelle wollte ich damals sterben.
Ich lag dort so lange, bis die Tauben ganz oben waren. Ich sah sie fast nicht mehr. Die winzigen Punkte segelten am weiten, freien Himmel. Die Erde unter ihnen mußte ihnen unwirklich entfernt vorkommen.
Auch ich war wohl ein winziges Pünktchen, ein Nichts.
Ein einzelner Mensch, er kann sein wie er will, bedeutet nichts auf einer so großen Erde.

Ich habe nie erfahren, daß in einer deutschen Stadt, in der lauter weiße Fahnen von den Dächern herunterhingen, einige Tage nach den Ereignissen, von denen ich hier erzählt habe, am Bahnhof ein Wagen mit einem Pferd abgestellt worden ist. Er stand dort viele Stunden, den ganzen Tag.
Die Deutschen hatten andere Sorgen. Nur ab und zu nahm jemand von dem Pferd Notiz. Vor allem die Kinder bemerkten es.
Aus dem Bahnhof heulten die Züge. Es gab dort viele Soldaten der besiegten und siegreichen Armeen.

Die Kinder standen schweigend rund um das Pferd; sie musterten es schüchtern. Dann faßte ein kleines Mädchen Mut, streckte seine Hand aus und streichelte das Pferd an der weichen Nase.
Es ließ sich streicheln.
Es war meine Julina.

Nachwort

Kinder brauchen Bücher, und zwar die allerbesten und vor allem die richtigen Bücher. Wie soll man sie finden?
Seit rund 30 Jahren wird der Deutsche Jugendliteraturpreis verliehen, 1956 von der Bundesregierung gestiftet und seitdem der einzige literarische Staatspreis.
Er hat mit dazu beigetragen, daß die Kinderliteratur so vielfältig, weltoffen und gut geworden ist, wie wir sie heute kennen.
An jede Altersstufe wird gedacht, jedes Kind kann die Bücher finden, die ihm Spaß machen und sein Weltverständnis wekken. Alle Eltern finden Bücher, die ihren Literaturvorstellungen und Erziehungsgrundsätzen entsprechen. Jedes Jahr im Herbst wird der Deutsche Jugendliteraturpreis verliehen, und zwar in den Kategorien Bilderbuch, Kinderbuch, Jugendbuch und Sachbuch.
»Oetinger AUSLESE« möchte die wichtigsten und interessantesten Titel zusammenfassen und bietet in Zusammenarbeit mit anderen Kinderbuchverlagen auf diese Weise eine Bibliothek aus preisgekrönten und ausgesuchten Büchern, einen Querschnitt durch die Kinder- und Jugendliteratur.
1969 erhielt Jan Procházka den Jugendbuchpreis für *Es lebe die Republik*. Im selben Jahr wurden Ali Mitgutsch für sein Taschenbuch *Rundherum in meiner Stadt* und Isaac B. Singer für sein Kinderbuch *Zlateh, die Geiss* ausgezeichnet. Die Prämie erhielt Scott O'Dell für *Vor dem Richter des Königs*, das auch in die »Oetinger AUSLESE« aufgenommen wurde.
Jan Procházka stellt die letzten Tage des Zweiten Weltkriegs

so dar, wie sie ein Bauernjunge in der damaligen Tschechoslowakei erlebte, der sehr genau beobachtete, aber noch nicht alle Wandlungen und Veränderungen, die sich vor seinen Augen abspielten, begreifen konnte. Das ergibt einen vollkommen ungeschminkten Bericht, der nicht nur für das mährische Dorf gilt.

In den fünfziger und sechziger Jahren gab es nur wenige Bücher, die sich mit der sogenannten jüngsten Vergangenheit befaßten. In der Auswahlliste des Sonderpreises »Geschichte in der Kinder- und Jugendliteratur« fand sich zum Beispiel 1962 unter den vierundzwanzig Titeln kein einziger zu diesem Thema. Das erklärt, warum Jan Procházkas Buch von Lesern und Jugendbuchfachleuten so freudig begrüßt und so hoch eingeschätzt wurde.

Dr. Sybil Gräfin Schönfeldt

Oetinger AUSLESE

Klara Jarunkova, 1922 in der Slowakei geboren, Redakteurin literarischer Sendungen beim Rundfunk und Kinder- und Jugendbuchautorin, läßt in ihrem Buch **Der Bruder des schweigenden Wolfes,** das ebenfalls in der Reihe Oetinger AUSLESE erschienen ist, den zwölfjährigen Djuro von seinem Leben auf einer Berghütte in der Niederen Tatra erzählen. Im Mittelpunkt steht dabei Djuros großer Bruder Vuk, der eigentlich gar nicht Vuk, der Wolf, heißt, sondern Joscho.

„Mit dem unaufdringlichen Humor, der eine allzu bequeme Identifizierung der jungen Leser mit dem Erzähler verhindert und kritische Distanz zu Stoff und psychologischer Darstellung ermöglicht, berichtet Klara Jarunkova davon, wie die Allgegenwart einer strengen Natur im Hochgebirge menschliches Leben und Sterben in ihren Rhythmus zwingt."
Aus der Begründung der Jury zum Deutschen Jugendliteraturpreis

Verlag Friedrich Oetinger · Hamburg

Oetinger AUSLESE

Unter dem Reihentitel **Oetinger Auslese** erscheinen wichtige und interessante Bücher, die im Rahmen des Deutschen Jugendliteraturpreises ausgezeichnet worden sind. Folgende Titel liegen bisher vor:

Katherine Allfrey · Delphinensommer
Clara Asscher-Pinkhof · Sternkinder
Pauline Clarke · Die Zwölf vom Dachboden
H. M. Denneborg · Jan und das Wildpferd
Elfie Donnelly · Servus Opa, sagte ich leise
Ursula Fuchs · Emma oder Die unruhige Zeit
Frederik Hetmann · Amerika Saga
Klara Jarunkova · Der Bruder des schweigenden Wolfes
Nicholas Kalashnikoff · Faß zu, Toyon!
James Krüss · Mein Urgroßvater und ich
Guus Kuijer · Erzähl mir von Oma
Angelika Kutsch · Man kriegt nichts geschenkt
Astrid Lindgren · Mio, mein Mio
Sterling North · Rascal, der Waschbär
Scott O'Dell · Insel der blauen Delphine
Scott O'Dell · Vor dem Richter des Königs
Hans Peterson · Matthias und das Eichhörnchen
Jan Procházka · Es lebe die Republik
Maia Rodman · Der Sohn des Toreros
An Rutgers · Ich bin Fedde
An Rutgers · Pioniere und ihre Enkel
Barbara Wersba · Ein nützliches Mitglied der Gesellschaft

Verlag Friedrich Oetinger · Hamburg